Erschaffe den ultimativen Basketballer:

Lerne die Geheimnisse und Tricks kennen, die von den besten Profi-Basketballspielern und ihren Trainern angewandt werden um deine Kondition, Ernährung und mentale Stärke zu verbessern.

Von
Joseph Correa
Profi-Sportler und Trainer

COPYRIGHT

DANKSAGUNG

Für meine Familie, für ihre bedingungslose Liebe und Unterstützung während der Entstehung dieses Buches.

Erschaffe den ultimativen Basketballer:

Lerne die Geheimnisse und Tricks kennen, die von den besten Profi-Basketballspielern und ihren Trainern angewandt werden um deine Kondition, Ernährung und mentale Stärke zu verbessern.

Von
Joseph Correa
Profi-Sportler und Trainer

ÜBER DEN AUTOR

Als ehemaliger Profi-Sportler weiß ich nur zu gut, was einem durch den Kopf geht und wie schwierig es sein kann, seine Leistung derart zu verbessern, dass man die nächste Stufe erreicht.

Die drei größten Veränderungen in meinem Leben bestanden darin, meine Stärke und Kondition sowie meine Flexibilität zu steigern und darin, **meine Fähigkeit zu trainieren, mich mithilfe Meditation und Visualisierungen zu fokussieren.**

Meditation und Visualisierungen haben mir geholfen, meine Gefühle zu kontrollieren und echte Wettbewerbe zu simulieren, bevor sie sich überhaupt ereigneten.

Indem ich Yoga und Dehnübungen in meinen Trainingsplan aufgenommen habe, ist die Anzahl meiner Verletzungen auf den Nullpunkt gesunken und meine Reaktionsgeschwindigkeit hat sich wesentlich verbessert.

Eine Umstellung meiner Ernährung hat es mir mehr als erlaubt, Höchstleistungen unter schweren klimatischen Bedingungen zu vollbringen, die mir früher in Form von Krämpfen oder Muskelzerrungen zu schaffen machten.

Meditation und Visualisierungen haben bei weitem alles verändert, egal welche Sportdisziplin du ausführst. Du wirst sehen wie stark du wirst, wenn du mehr und mehr Zeit damit verbringst und dich mindestens 10 Minuten pro Tag mit Atem-, Konzentrationsübungen oder mit Gedankenkontrolle beschäftigst.

EINLEITUNG

Um dein wahres Potential zu entfalten, musst du in deiner physischen und mentalen Bestform sein. Um das zu erreichen, musst du einen Plan erstellen, der dir dabei hilft, deine Stärke, Mobilität, Ernährung und mentale Stärke zu verbessern. Dieses Buch hilft dir dabei. Die richtige Ernährung und Training sind nur zwei der Puzzleteile, aber du brauchst noch ein drittes Teil, um das Puzzle zu vervollständigen. Das dritte Teil ist die mentale Stärke und diese kann durch Meditations- und Visualisierungstechniken erlangt werden, die die in diesem Buch näher gebracht werden.

Das Buch liefert dir:

- einen Kalender für Einsteiger und Fortgeschrittene
- dynamische Aufwärmübungen
- Übungen für Höchstleistungen
- aktive Entspannungsübungen
- einen Ernährungskalender zum Muskelaufbau
- einen Ernährungskalender zur Fettverbrennung
- Rezepte zum Muskelaufbau
- Rezepte zur Fettverbrennung
- fortgeschrittene Atemtechniken zur Leistungssteigerung
- Meditationstechniken
- Visualisierungstechniken
- Visualisierungseinheiten zur Leistungssteigerung

Körperliche Kondition und Stärketraining, eine ausgewogene Ernährung und fortgeschrittene Meditations- bzw. Visualisierungstechniken sind die drei Schlüssel um optimale Ergebnisse zu erzielen. Viele Sportler vergessen eine oder zwei dieser fundamentalen Zutaten, aber wenn du eine Entscheidung triffst, die dies verändert, wirst du das Potential haben, einen neues „ULTIMATIVES" Du zu erschaffen.

Sportler, die diesen Trainingsplan befolgen, werden:

- Muskelwachstum fördern
- ihr Stresslevel senken
- Stärke, Mobilität und Reaktion verbessern
- eine verbesserte Fähigkeit besitzen, sich längere Zeit auf etwas zu fokussieren
- schneller und ausdauernder sein
- Müdigkeitserscheinungen der Muskeln verringern
- sich schneller nach einem Wettbewerb oder dem Training erholen
- ihre Flexibilität steigern
- ihre Nervosität besser ablegen
- ihren Atem besser kontrollieren
- unter Druck ihre Gefühle besser bändigen

Triff deine Wahl. Wage die Veränderung. Erschaffe ein neues "ULTIMATIVES" Du.

INHALT

KAPITEL 1: TRAININGSPLAN FÜR HÖCHSTLEISTUNGEN IM BASKETBALL

KALENDER FÜR "EINSTEIGER"

EINSTEIGER

Sonntag	Montag	Dienstag	Mittwoch	Donnerstag	Freitag	Samstag
				1	2	3
4	5	6	7	8	9	10
	Training des Ober-körpers Gamma	Aktive Erholung Gamma	Training des Unter-körpers Gamma	Training der restlichen Muskeln Gamma	Aktive Erholung Gamma	Ge-schwin-digkeits-training
11	12	13	14	15	16	17
Aktive Erholung	Training des Ober-körpers Delta	Aktive Erholung Delta	Training des Unter-körpers Delta	Training der restlichen Muskeln Delta	Aktive Erholung Delta	Ge-schwin-digkeits-training
18	19	20	21	22	23	24
Aktive Erholung	Training des Ober-körpers Gamma	Aktive Erholung Gamma	Training des Unter-körpers Gamma	Training der restlichen Muskeln Gamma	Aktive Erholung Gamma	Ge-schwin-digkeits-training
25	26	27	28	29	30	31
Aktive Erholung	Training des Ober-körpers Delta	Aktive Erholung Delta	Training des Unter-körpers Delta	Training der restlichen Muskeln Delta	Aktive Erholung Delta	Ge-schwin-digkeits-training

ANLEITUNGEN:

VIER PRO WOCHE

Jede Woche wirst du vier verschiedene Workouts durchlaufen, die unterschiedliche Bereiche deines Körpers trainieren. Dadurch stellst du sicher, dass sich dein Körper immer wieder anpasst.

PASSE DEINE ÜBUNGEN AN

Jedes Training (Ober-, Unterkörper, restliche Muskeln und Geschwindigkeit) beinhaltet 10 Übungen, die du frei wählen kannst.

FERTIGE VORLAGE

Es steht dir außerdem frei, diesen fertigen Kalender zu befolgen und dadurch alle Bereiche einmal zu trainieren.

KALENDER FÜR "FORTGESCHRITTENE"

FORTGESCHRITTENE

Sonntag	Montag	Dienstag	Mittwoch	Donnerstag	Freitag	Samstag
				1	2	3
4	5	6	7	8	9	10
	Training des Ober- körpers Gamma	Aktive Erholung Gamma	Training des Unter- körpers Gamma	Training der restlichen Muskeln Gamma	Aktive Erholung Gamma	Ge- schwin- digkeits- training
11	12	13	14	15	16	17
Aktive Erholung	Training des Ober- körpers Delta	Aktive Erholung Delta	Training des Unter- körpers Delta	Training der restlichen Muskeln Delta	Aktive Erholung Delta	Ge- schwin- digkeits- training
18	19	20	21	22	23	24
Aktive Erholung	Training des Ober- körpers Gamma	Aktive Erholung Gamma	Training des Unter- körpers Gamma	Training der restlichen Muskeln Gamma	Aktive Erholung Gamma	Ge- schwin- digkeits- training
25	26	27	28	29	30	31
Aktive Erholung	Training des Ober- körpers Delta	Aktive Erholung Delta	Training des Unter- körpers Delta	Training der restlichen Muskeln Delta	Aktive Erholung Delta	Ge- schwin- digkeits- training

ANLEITUNGEN:

VIER PRO WOCHE

Jede Woche wirst du vier verschiedene Workouts durchlaufen, die unterschiedliche Bereiche deines Körpers trainieren. Dadurch stellst du sicher, dass sich dein Körper immer wieder anpasst.

PASSE DEINE ÜBUNGEN AN

Jedes Training (Ober-, Unterkörper, restliche Muskeln und Geschwindigkeit) beinhaltet 10 Übungen, die du frei wählen kannst.

FERTIGE VORLAGE

Es steht dir außerdem frei, diesen fertigen Kalender zu befolgen und dadurch alle Bereiche einmal zu trainieren.

WIE LESE ICH DEN KALENDER?

Der erste Kalender ist für jeden beliebigen Sportler ausgelegt und daher mit "Anfänger" gekennzeichnet. Diesen solltest du unter normalen Umständen befolgen.

Der zweite Kalender ist die erweiterte Version und mit "FORTGESCHRITTENE" umschrieben. Diesen solltest du befolgen, wenn du die Intensität deines Trainings erhöhen möchtest. Hierbei solltest du die Anzahl der Übungen verdoppeln, aber nicht die Anzahl der Wiederholungen.

WAS WERDE ICH MIT DIESEM PROGRAMM ERREICHEN KÖNNEN?

Das Ziel dieses Workouts ist eine verbesserte Leistung in allen körperlichen Bereichen: Stärke, Agilität, Kraft und Ausdauer. Daher ist es die optimale Ergänzung zu einer gesunden Ernährung für jeden Sportler.

DYNAMISCHE AUFWÄRMÜBUNGEN

Hierbei handelt es sich um Einheiten mit je vier Übungen (exklusive der 40 Hauptübungen), die der Sportler vor jedem Workout absolvieren muss. An aktiven Erholungstagen sollte der Sportler diese Übungen in Kombination mit einem 30- statt 15-minütigen Kardio-Workout ausführen.

a. **Rolle mit V-Sitz:** Setz dich auf den Boden. Werfe dich im nächsten Schritt nach hinten, indem du deine Knie nach innen ziehst, so dass sie deine Brust berühren (dein Gewicht sollte sich nun auf deinen Rücken verlagern). Deine Arme breitest du auf dem Boden aus. Rolle anschließend wieder nach vorn und spreize deine Beine, bis sie ein V formen. Wiederhole diese Übung 15 Mal.

b. **Feuerhydranten:** Geh runter auf die Knie. Die Handflächen liegen flach auf dem Boden auf (auf Höhe der Schultern). Achte darauf, dass dein Rücken gerade ist. Ziehe nun mit deinen Knien einen Kreis, ohne dabei deinen Rücken zu bewegen. Bewege sie dazu vorwärts, rückwärts und zur Seite. Wiederhole diese Übungen pro Bein 15 Mal.

c. **Kniebeuge und Halten:** Mache Kniebeugen und verharre 30 Sekunden in dieser Position, wenn du nahe über dem Boden bist.

d. **Ausfallschritt:** Mache einen Ausfallschritt. Wiederhole diese Übung pro Bein 12 Mal (24 Mal insgesamt)

ÜBUNGEN FÜR HÖCHSTLEISTUNGEN

Übungen für den Oberkörper

Diese Übungen solltest du ausführen, wenn der Kalendertag mit einem „Training des Oberkörpers" gekennzeichnet ist.

1. Negative Liegestütze (Brust)

Anleitung:

a. Leg dich mit dem Gesicht nach unten auf den Boden und positioniere deine Hände auf gleicher Höhe wie deine Schultern.
b. Beweg dich langsam nach unten, bis sich deine Brust nur eine Faust breit vom Boden entfernt befindet. (Tempo: 3 Sekunden)
c. Drücke dich anschließend wieder nach oben ab (Tempo: 1 Sekunde).

Wiederholungsschema:

***3 Einheiten mit 12 Wiederholungen. Jede Einheit sollte schwierig sein, aber du solltest nicht komplett versagen. Du solltest nach der 12. Wiederholung in der Lage sein, noch 2 oder 3 Wiederholungen mehr zu leisten. Passe die Anzahl der Wiederholungen an, bis sie deine Kriterien erfüllen, aber ändere nicht die Anzahl an Einheiten.

Gesundheitliche Vorteile:

+++Stärke, ++ Flexibilität, ++ Stärkung der Gelenke

2. Diamant-Liegestütze(Trizeps, Brust)

Anleitung:

a. Leg dich mit dem Gesicht nach unten auf den Boden und positioniere deine Hände enger zusammen als deine Schultern.
b. Beweg dich langsam nach unten, bis sich deine Brust nur eine Faust breit vom Boden entfernt befindet.
c. Drücke dich anschließend wieder nach oben ab.

Wiederholungsschema:

***3 Einheiten mit 12 Wiederholungen. Jede Einheit sollte schwierig sein, aber du solltest nicht komplett versagen. Du solltest nach der 12. Wiederholung in der Lage sein, noch 2 oder 3 Wiederholungen mehr zu leisten. Passe die Anzahl der Wiederholungen an, bis sie deine Kriterien erfüllen, aber ändere nicht die Anzahl an Einheiten.

Gesundheitliche Vorteile:

+++Stärke, +++ Ausdauer

3. Einarmige Liegestütze (Trizeps, Brust)

Anleitung:

a. Leg dich mit dem Gesicht nach unten auf den Boden und positioniere deine Hände auf gleicher Höhe wie deine Schultern.

b. Leg einen Arm vor dich ab und den anderen auf deinen Rücken.

c. Bewege dich langsam nach unten und drücke dich anschließend wieder nach oben ab.

Wiederholungsschema:

***5 Einheiten mit 5 Wiederholungen. Wenn dies zu schwierig für dich ist, beginne mit einer verringerten Anzahl an Wiederholungen und arbeite dich dann voran. Wenn die Übung dennoch zu anstrengend für dich ist, führe die Übung aus, indem du deine Hände auf etwas Erhöhtes ablegst (Kisten, Bücher etc.).

Gesundheitliche Vorteile:

+++Stärke, +++Flexibilität, +++Explosivität

4. Pull-Ups (Rücken, Bizeps)

Anleitung:

a. Umgreif die Stange so, dass die Handflächen nach vorne zeigen und sich auf der Höge deiner Schulter befinden.

b. Sobald du hängst, ziehe deinen Körper etwas nach oben.

c. Drücke deinen Körper nach oben, bis die Stange deine Brust berührt oder fast dabei ist, dies zu tun.

d. Bewege deinen Körper nach unten und wiederhole diese Übung.

Wiederholungsschema:

***3 Einheiten mit 10 Wiederholungen. Jede Einheit sollte schwierig sein, aber du solltest nicht komplett versagen. Du solltest nach der 10. Wiederholung in der Lage sein, noch 2 oder 3 Wiederholungen mehr zu leisten. Passe die Anzahl der Wiederholungen an, bis sie deine Kriterien erfüllen, aber ändere nicht die Anzahl an Einheiten.

Gesundheitliche Vorteile:

+++Stärke, +++Ausdauer

5. Muscle-Ups (Brust, Trizeps, Rücken)

Anleitung:
a. Häng dich an eine Stange, wobei die Daumen auf der Stange aufliegen und sie nicht umfassen.
b. Ziehe dich wie bei einem Pull-Up nach oben.
c. Beweg deine Brust über die Stange und ändere deine Pull-Up-Position in eine Dip-Position.
d. Geh wieder zurück in Ausgangsposition und wiederhole diese Übung.

Wiederholungsschema:

***5 Einheiten mit 10 Wiederholungen. Wenn dies zu schwierig für dich ist, beginne mit einer verringerten Anzahl an Wiederholungen und arbeite dich dann voran. Wenn die Übung dennoch zu anstrengend für dich ist, beginne damit 10 Einheiten mit 1 Wiederholung auszuführen.

Gesundheitliche Vorteile:

+++Stärke, ++Agilität

6. Dips (Trizeps, Brust)

Anleitung:

a. Leg deine Hände auf jede Seite der Stange, so dass deine Arme vollkommen ausgestreckt sind und dich stützen.

b. Verkürze deinen Körper, indem du deine Ellbogen beugst. Stell allerdings sicher, dass die Bewegung kontrolliert ist.

c. Bring deinen Körper zurück in die Ausgangsposition.

Wiederholungsschema:

***3 Einheiten mit 15 Wiederholungen. Jede Einheit sollte schwierig sein, aber du solltest nicht komplett versagen. Du solltest nach der 15. Wiederholung in der Lage sein, noch 2 oder 3 Wiederholungen mehr zu leisten. Passe die Anzahl der Wiederholungen an, bis sie deine Kriterien erfüllen, aber ändere nicht die Anzahl an Einheiten.

7. L-Pull-Ups (Rücken, Bizeps)

Anleitung:
a. Finde dich in der normalen Pull-Up-Position ein.
b. Heb deine Beine wie bei einer Kerze an (die Beine sollten einen 90°-Winkel mit deinem Torso bilden)
c. Ziehe deinen Körper soweit wie möglich hoch wie bei einem normalen Pull-Up
d. Komm zurück in die Ausgangsposition und wiederhole die Übung.

Wiederholungsschema:

***5 Einheiten mit 5 Wiederholungen. Wenn dies zu schwierig ist, verringer die Anzahl an Wiederholungen, aber nicht die Einheiten, solange bis du alle 5 Einheiten schaffst.

Gesundheitliche Vorteile:

++++ Stärke, +++Flexibilität, ++Ausdauer

8. Pull-Ups mit weitem Griff (Rücken)

Anleitung:
a. Umfasse die Stange so, dass deine Handfläche nach vorne zeigen und sich mehr als einen Schulterabstand voneinander entfernt befinden.
b. Sobald du hängst, ziehe deinen Torso etwas nach oben.
c. Drücke deinen Körper nach oben, bis die Stange deine Brust berührt oder fast dabei ist, dies zu tun.
d. Bewege deinen Körper nach unten und wiederhole diese Übung

Wiederholungsschema:

***3 Einheiten mit 10 Wiederholungen. Jede Einheit sollte schwierig sein, aber du solltest nicht komplett versagen. Du solltest nach der 10. Wiederholung in der Lage sein, noch 2 oder 3 Wiederholungen mehr zu leisten. Passe die Anzahl der Wiederholungen an, bis sie deine Kriterien erfüllen, aber ändere nicht die Anzahl an Einheiten.

Gesundheitliche Vorteile:

+++Stärke, +++Ausdauer

Delta X Workout: Führe Übung 1,3,5 und 8 aus
Gamma Workout: Führe Übung 2,4,6 und 7 aus

Übungen für den Unterkörper

Diese Übungen solltest du ausführen, wenn der Kalendertag mit einem „Training des Unterkörpers" gekennzeichnet ist.

1. Hochsprung (Po, Quadrizeps)

Anleitung:

a. Positionier deine Füße auf Höhe deiner Schulter und beuge die Knie leicht.
b. Spring hoch und ziehe die Knie in Richtung deiner Brust. Strecke deine Arme gerade aus.

Wiederholungsschema:

***3 Einheiten mit 20 Wiederholungen.

Gesundheitliche Vorteile:

+++explosiver Stärkezuwachs, ++gesteigerte Flexibilität

2. Wandsitz (Po, Quadrizeps)

Anleitung:

a. Lehne dich an eine Wand (mit dem Gesicht weg von der Wand)
b. Gleite entlang der Wand herunter bis sich deine Oberschenkel parallel zum Boden befinden.
c. Halte diese Position.

Wiederholungsschema:

***3 Einheiten zu 120 Sekunden.

Gesundheitliche Vorteile:

++Ausdauer, +++Laktatschwellwert, ++Stärke

3. Ausfallschritt (Quadrizeps)

Anleitung:
a. Stehe mit den Füßen Schulter breit auseinander.
b. Mache mit dem rechten Bein einen größtmöglichen Vorwärtsschritt, ohne es zu übertreiben.
c. Beuge das linke Bein, bis dein linkes Knie fast den Boden berührt.
d. Richte dich wieder auf.
e. Wiederhole die Übung mit dem linken Bein (beuge das Rechte)

Wiederholungsschema:

***3 Einheiten mit 15 Wiederholungen.

Gesundheitliche Vorteile:

++Stärke, ++Stabilität

4. Kniebeugen (Po, Quadrizeps)

Anleitung:
a. Stehe mit den Füßen Schulter breit auseinander.
b. Sitz dich, indem du deine Hüften nach hinten bewegst.
c. Stell sicher, dass du geradeaus schaust und dein Rücken gerade ist, während du die Kniebeugen ausführst.
d. Richte dich wieder auf und strecke deine Beine aus.

Wiederholungsschema:

***3 Einheiten mit 30 Wiederholungen.

Gesundheitliche Vorteile:

+++Stärke, ++Ausdauer

5. Kniebeugen im engen Stand (Quadrizeps)

Anleitung:

a. Positioniere deine Füße so nahe wie möglich beieinander, ohne dass sie sich berühren.
b. Sitz dich, indem du deine Hüften nach hinten bewegst. Strecke deine Arme vor dich aus.
c. Stell sicher, dass du geradeaus schaust und dein Rücken gerade ist, während du die Kniebeugen ausführst.
d. Richte dich wieder auf und strecke deine Beine aus.

Wiederholungsschema:

***3 Einheiten mit 30 Wiederholungen.

Gesundheitliche Vorteile:

+++Stärke, ++Ausdauer, ++Balance

6. Trinkender Vogel (Oberschenkel, Quadrizeps)

Anleitung:

a. Stehe auf einem Bein, das du leicht beugst. Positionier das andere Bein hinter dich.

b. Lehne dich nach vorne, so dass das hintere Bein parallel zu deinem Rücken ist.

c. Strecke bei dieser Übung beide Arme nach vorne aus.

d. Komm in die Ausgangsposition zurück und wiederhole die Übung.

Wiederholungsschema:

***10 Wiederholungen pro Bein. Eine Einheit.

Gesundheitliche Vorteile:

+++Balance, ++Ausdauer

7. Wadentraining für ein Bein (Waden)

Anleitung:

a. Stell deine Füße Schulter breit auseiander. Halte dein Gewicht auf den Fußballen.

b. Lasse ein Bein in dieser Position, während du das andere nach hinten bewegst, so dass sich dein gesamtes Gewicht auf den vorderen Fuß verlagert.

c. Beuge dich nach unten, so dass sich deine Wadenmuskeln zusammenziehen.

Wiederholungsschema:

***2 Einheiten mit 20 Wiederholungen pro Bein.

Gesundheitliche Vorteile:

+++Stärke, ++Balance, ++Ausdauer

8. Hüftstoß (Po)

Anleitung:
a. Leg dich mit dem Gesicht nach oben auf den Boden.
b. Beuge deine Knie in einem 90° Winkel.
c. Heb mit Hilfe deiner am Boden abgestützten Hände deinen Po vom Boden ab.
d. Kehre wieder auf den Boden zurück und wiederhole die Übung.

Wiederholungsschema:

***3 Einheiten mit 12 Wiederholungen. Jede Einheit sollte schwierig sein, aber du solltest nicht komplett versagen. Du solltest nach der 12. Wiederholung in der Lage sein, noch 2 oder 3 Wiederholungen mehr zu leisten. Passe die Anzahl der Wiederholungen an, bis sie deine Kriterien erfüllen, aber ändere nicht die Anzahl an Einheiten.

Gesundheitliche Vorteile:

+++Stärke, ++Ausdauer

Delta X Workout: Führe Übung 1,3,5 und 8 aus.
Gamma Workout: Führe Übung 2,4,6 und 7aus.

Übungen für die restlichen Muskeln

Diese Übungen solltest du ausführen, wenn der Kalendertag mit einem „Training der restlichen Muskeln" gekennzeichnet ist.

1. Unterarmstütz

Anleitung:

a. Leg dich mit dem Gesicht nach unten auf den Boden und positioniere deine Arme Schulter breit auseinander.
b. Stell sicher, dass du dein Gewicht mithilfe deiner Zehen und Unterarme hältst.
c. Halte dich in dieser Position.

Wiederholungsschema:

***3 Einheiten zu 120 Sekunden.

Gesundheitliche Vorteile:

++Ausdauer, +++Laktatschwellwert, +++Stabilität

2. Russian Twist

Anleitung:

a. Leg dich mit angezogenen Beinen auf den Boden (oder sitze).
b. Stell sicher, dass dein Torso aufrecht ist, so dass er ein V mit deinen Oberschenkeln bildet.
c. Strecke deine Arme aus (du kannst dabei auch ein Gewicht tragen) und drehe deinen Torso so weit wie möglich nach rechts.
d. Wiederhole diese Übung und drehe dich dabei nach links.

Wiederholungsschema:

***3 Einheiten mit 20 Wiederholungen. Jede Einheit sollte schwierig sein, aber du solltest nicht komplett versagen. Du solltest nach der 20. Wiederholung in der Lage sein, noch 2 oder 3 Wiederholungen mehr zu leisten. Passe die Anzahl der Wiederholungen an, bis sie deine Kriterien erfüllen, aber ändere nicht die Anzahl an Einheiten.

Gesundheitliche Vorteile:

++Stärke, +++Stabilität

3. Kerze

Anleitung:
a. Leg dich auf den Boden und strecke diene Beine aus.
b. Leg deine Hände rechts und links neben deinen Po.
c. Heb deine Beine, bis du einen 90° Winkel bildest.
   Achte darauf, dass deine Beine nicht gebeugt sind.
   (Deine Hände bleiben auf dem Boden liegen und
   helfen dir, das Gleichgewicht zu halten)

Wiederholungsschema:

***3 Einheiten mit 20 Wiederholungen. Jede Einheit sollte
schwierig sein, aber du solltest nicht komplett versagen.
Du solltest nach der 20. Wiederholung in der Lage sein,
noch 2 oder 3 Wiederholungen mehr zu leisten. Passe die
Anzahl der Wiederholungen an, bis sie deine Kriterien
erfüllen, aber ändere nicht die Anzahl an Einheiten.

Gesundheitliche Vorteile:

++Stärke, +++Stabilität

4. Bauchpresse

Anleitung:

a. Leg dich mit dem Gesicht nach oben auf den Boden.
b. Beuge deine Knie so, dass sie einen 90° Winkel bilden.
c. Heb deinen Torso an gerade soweit an, dass deine Schulter nicht mehr den Boden berühren (richte dich nicht vollständig auf)

Wiederholungsschema:

***3 Einheiten mit 40 Wiederholungen. Jede Einheit sollte schwierig sein, aber du solltest nicht komplett versagen. Du solltest nach der 40. Wiederholung in der Lage sein, noch 2 oder 3 Wiederholungen mehr zu leisten. Passe die Anzahl der Wiederholungen an, bis sie deine Kriterien erfüllen, aber ändere nicht die Anzahl an Einheiten.

Gesundheitliche Vorteile:

+++Ausdauer, +++Stabilität

5. Liegestütze

Anleitung:
a. Finde dich in einer Liegestütz-Position ein.
b. Geh mit deinem Körper herunter, bis du dich in der ersten Hälfte der Liegestütz-Bewegung befindest.
c. Halte dich in dieser Position

Wiederholungsschema:

***3 Einheiten zu 60 Sekunden. Jede Einheit sollte schwierig sein, aber du solltest nicht komplett versagen. Passe die Anzahl der Wiederholungen an, bis sie deine Kriterien erfüllen, aber ändere nicht die Anzahl an Einheiten.

Gesundheitliche Vorteile:

+++Ausdauer, ++Stabilität

6. Windmühlen-Haltung

Anleitung:

a. Leg dich mit dem Gesicht nach oben hin. Strecke deine Arme aus und hebe deine Beine so an, dass sie einen 90° Winkel bilden.
b. Halte dich in dieser Position.

Wiederholungsschema:

***3 Einheiten zu 60 Sekunden.

Gesundheitliche Vorteile:

+++Ausdauer, +++Stärke

7. Spiderman- Unterarmstütz

Anleitung:

a. Beginne in der gewohnten Unterarmstütz-Position, wobei dein Gewicht auf deinen Unterarmen und deinen Fußballen lagern sollte.
b. Stell sicher, dass dein Rücken gerade ist.
c. Bringe das rechte Knie nach vorn so, dass es den rechten Ellbogen berührt.
d. Wiederhole die Übung mit deinem linken Knie.

Wiederholungsschema:

***3 Einheiten mit 10 Wiederholungen. Jede Einheit sollte schwierig sein, aber du solltest nicht komplett versagen. Du solltest nach der 10. Wiederholung in der Lage sein, noch 2 oder 3 Wiederholungen mehr zu leisten. Passe die Anzahl der Wiederholungen an, bis sie deine Kriterien erfüllen, aber ändere nicht die Anzahl an Einheiten.

Gesundheitliche Vorteile:

+++Stärke, ++Flexibilität, ++Ausdauer

8. Käfer

Anleitung:

a. Leg dich auf den Rücken und positioniere deine Hände hinter deinen Kopf.
b. Beuge deine Beine so, dass sie einen 90° Winkel bilden.
c. Bring dein rechtes Knie zu deinem linken Ellbogen und berühre ihn, wenn möglich.
d. Wiederhole die Übung mit deinem linken Knie.

Wiederholungsschema:

***3 Einheiten mit 20 Wiederholungen. Jede Einheit sollte schwierig sein, aber du solltest nicht komplett versagen. Du solltest nach der 20. Wiederholung in der Lage sein, noch 2 oder 3 Wiederholungen mehr zu leisten. Passe die Anzahl der Wiederholungen an, bis sie deine Kriterien erfüllen, aber ändere nicht die Anzahl an Einheiten.

Gesundheitliche Vorteile:

+++Stärke, +++Ausdauer

Delta X Workout: Führe Übung 1,3,5 und 8 aus.
Gamma Workout: Führe Übung 2,4,6 und 7 aus.

Geschwindigkeitsübungen

Diese Übungen solltest du ausführen, wenn der Kalendertag mit einem „Geschwindigkeitstraining" gekennzeichnet ist.

1. Sprintintervall-Training

Anleitung:
Führe acht Sprints mit maximaler Leistung zu je 30 Sekunden aus. Mache eine Pause von 2 Minuten zwischen den einzelnen Sprints.

Gesundheitliche Vorteile:

++ Kraft, +++Erholung, +++Geschwindigkeit

2. Hill Sprints (HIT)

Anleitung:
Führe fünf Sprints an einem Hügel oder an einem Gefälle zu je 10 – 30 Sekunden aus. Mache eine Pause von 2 Minuten zwischen den einzelnen Sprints.

Gesundheitliche Vorteile:

+++Kraft, +++Geschwindigkeit

3. Hand Shuffle (Brust, Trizeps, restliche Muskeln)

Anleitung:

a. Finde dich in der Liegestütz-Position ein und positioniere deine Hände Schulter breit auseinander.
b. Bewege entweder die rechte oder die linke Hand zur Mitte.
c. Bewege nun auch die andere Hand dorthin. Du solltest dich nun in einer Diamant-Liegestütz-Position befinden.
d. Lege nun die erste Hand zurück auf den Boden.
e. Mache das Gleiche anschließend mit der zweiten Hand.
f. Wiederhole die Übung so schnell wie möglich.

Wiederholungsschema:

*** Führe 5 Einheiten zu je 60 Sekunden so schnell wie möglich durch, ohne dabei langsamer zu werden. Erschöpfung ist nicht das Ziel. Wenn also die Übung zu schwierig für dich ist, führe die Einheiten nur 30 Sekunden lang aus – dann aber mit maximaler Geschwindigkeit.

Gesundheitliche Vorteile:

+++Geschwindigkeit, ++Agilität, +++Koordination

4. Sprung mit einem Bein (Quadrizeps, Waden)

Anleitung:
a. Stell deine Füße Schulter breit auseinander.
b. Hebe ein Knie an, so dass du sicher auf einem Bein stehst.
c. Hüpfe so weit wie möglich vorwärts und wiederhole die Sprünge nach unten stehenden Wiederholungsschema.
d. Wiederhole die Übung mit dem anderen Bein.

Wiederholungsschema:

***3x15 Sprünge pro Bein. Führe die Übung so schnell wie möglich aus, ohne dabei langsamer zu werden. Erschöpfung ist nicht das Ziel. Wenn also die Übung zu schwierig für dich ist, führe weniger Wiederholungen, diese aber mit maximaler Geschwindigkeit durch.

Gesundheitliche Vorteile:

+++Geschwindigkeit, +++Agilität, ++Koordination

5. Kisten-Sprung (Quadrizeps, Po)

Anleitung:
a. Stell deine Beine Schulter breit auseinander.
b. Spring mit beiden Füßen gleichzeitig auf eine Kiste.
c. Kletter wieder herunter.

Wiederholungsschema:

***3 Einheiten von je 30 Kisten-Sprüngen. Führe die Übung so schnell wie möglich aus, ohne dabei langsamer zu werden. Erschöpfung ist nicht das Ziel. Wenn also die Übung zu schwierig für dich ist, führe weniger Wiederholungen, diese aber mit maximaler Geschwindigkeit durch.

Gesundheitliche Vorteile:

+++Kraft, +++Stärke,++Ausdauer

6. Liegestütze mit Klatschen (Brust, Trizeps)

Anleitung:
a. Finde dich in der normalen Liegestütz-Position ein.
b. Führe die Liegestütze aus. Drücke beiden Hände vom Boden ab und klatsche.
c. Wiederhole die Übung.

Wiederholungsschema:

***5 Einheiten mit 5 Wiederholungen. Führe die Übung so schnell wie möglich aus, ohne dabei langsamer zu werden. Erschöpfung ist nicht das Ziel. Wenn also die Übung zu schwierig für dich ist, führe weniger Wiederholungen, diese aber mit maximaler Geschwindigkeit durch.

Gesundheitliche Vorteile:

+++Kraft, +++Stärke++Stärkung der Gelenke

7. Knöchel-Liegestütze mit Sprung (Brust, Trizeps)

Anleitung:
a. Finde dich in der normalen Liegestütz-Position ein. Verlagere dein Gewicht jedoch auf deine Knöchel statt auf deine Hände.
b. Führe die Liegestütze aus, aber drück dich so fest wie möglich vom Boden ab.
c. Wiederhole die Übung.

Wiederholungsschema:

***5 Einheiten mit 5 Wiederholungen. Führe die Übung so schnell wie möglich aus, ohne dabei langsamer zu werden. Erschöpfung ist nicht das Ziel. Wenn also die Übung zu schwierig für dich ist, führe weniger Wiederholungen, diese aber mit maximaler Geschwindigkeit durch.

Gesundheitliche Vorteile:

+++Stärkung der Gelenke, +++Kraft

8. Abwechselnder Kisten-Sprung (Quadrizeps, Po)

Anleitung:
a. Stell dich vor eine Kiste oder einen erhöhten Gegenstand.
b. Setze den Fuß, der der Kiste oder dem Gegenstand am nächsten ist, darauf.
c. Drücke dich mit diesem Fuß ab und spring so schnell wie möglich.
d. Dabei solltest du nun mit dem anderen Fuß auf der Kiste oder dem Gegenstand landen.
e. Wiederhole diese Übung mit dem anderen Bein.

Wiederholungsschema:

***3 Einheiten mit 12 Wiederholungen. Führe die Übung so schnell wie möglich aus, ohne dabei langsamer zu werden. Erschöpfung ist nicht das Ziel. Wenn also die Übung zu schwierig für dich ist, führe weniger Wiederholungen, diese aber mit maximaler Geschwindigkeit durch.

Gesundheitliche Vorteile:

+++Stärke, +++Agilität

Delta X Workout: Führe Übung 1,3,5 und 8 aus.
Gamma Workout: Führe Übung 2,4,6 und 7 aus.

Glossar

Aktive Erholung: Gönne deinen Muskeln eine Pause, während du aktiv bist. Dadurch fließt das Blut, was dir helfen wird, dich schneller zu erholen.

Agilität: die Fähigkeit, schnell, genau und effektiv zu sein

Koordination: die Fähigkeit, mehrere Körperteile gleichzeitig anzusprechen oder verschiedene Aufgaben gleichzeitig zu erfüllen

Ausdauer: die Fähigkeit, Leistung über einen längeren Zeitraum hinweg zu erbringen

Niederlage: das ist die vollkommene Erschöpfung, das Unvermögen weiter zu machen

Laktatschwellwert: das ist der Punkt, an dem Laktat beginnt in das Blut zu strömen, was eine Explosion in deinen Muskeln verursacht

Kraft: die Fähigkeit, so viel Energie wie möglich innerhalb kürzester Zeit zu produzieren

Stärke: die Fähigkeit, schwerer Lasten bei gleicher Anstrengung zu tragen

.

KAPITEL 2: ERNÄHRUNG FÜR HÖCHSTLEISTUNGEN IM BASKETBALL

Warum ist Ernährung so wichtig?

Um die Resultate deines Trainings noch zu steigern, ist es wichtig, mit Mahlzeiten und/oder Säften oder Shakes auf eine ausgewogene Ernährung zu achten. Wenn du deine physische Kondition verändern willst, erfordert dies, dass du richtig essen musst, um nicht frühzeitig zu ermüden.

Was sollte ich vor einem Training oder einem Wettbewerb essen oder trinken?

Das ideale Essen, das du vor einem Training zu dir nehmen solltest, beinhaltet: magere Proteine, leicht zu verdauende Kohlenhydrate, Omega-Fettsäuren, Gemüse und Salat sowie Wasser. Diese Dinge solltest du entsprechend deiner Kalorien-Bedürfnisse in angemessener Menge essen.

Um dich auf einen Wettkampf vorzubereiten, ergänze ich die Mahlzeiten mit nährstoff- und porteinreichen Shakes und/oder Säften. Ebenso ergänze ich Mahlzeiten, bei denen dir die Verdauung während des Spiels keinerlei Probleme bereitet und die dich mit der richtigen Menge an Energie versorgen.

Wenn du diese Shakes 30-60 Minuten vor dem Training trinkst, wirst du einerseits maximale Ergebnisse erzielen und andererseits kein Hungergefühl entwickeln oder dich zu vollgestopft fühlen. Letzteres würde dich nur dabei behindern, zu entspannen und dich auf die vor dir liegenden Aufgaben zu konzentrieren. Wenn du keine Zeit hast, richtig zu essen, achte darauf, wenigstens etwas zu trinken, was deinem Körper einige Nährstoffe zuführt und dich nicht einfach nur sättigt. Es ist nämlich wichtig, dass du im Zusammenhang mit Essen und Trinken auf Qualität und nicht auf Quantität achtest.

Proteine

Magere Proteine sind sehr wichtig beim Aufbau und der Heilung von Muskelgewebe. Sie helfen dir außerdem dabei, deine Hormon-Konzentration im Körper zu normalisieren. Dadurch bist du in der Lage, deine Stimmungen und dein Temperament besser zu kontrollieren. Einige der besten, mageren Proteine, die du zu dir nehmen kannst, sind:

- Putenbrust (aus ökologischer Haltung wenn möglich).
- mageres, rotes Fleisch (ebenfalls aus ökologischer Haltung).
- Eiweiße.
- die meisten Milchprodukte.
- Hühnerbrust (aus ökologischer Haltung).
- Quinoa.
- Nüsse (alle Sorten)

Omega-Fettsäuren

Omega-Fettsäuren sind in vielen Nahrungsmitteln und wichtig für unsere Körperfunktionen, insbesondere für unser Gehirn. Sie kommen vor in:

- Lachs (vor allem Wildlachs, nicht gezüchtet)
- Walnüssen (ein leichter Snack für unterwegs)
- Leinsamen (Mische sie unter jeden Shake)
- Sardinen

Du wirst merken, dass sich deine Gehirnfunktionen und -leistungen verbessern werden. Dein Immunsystem stärkst du dabei ebenfalls. Dies verringert das Risiko an Krebs, Diabetes oder an anderen, gefährlichen Erkrankungen zu erkranken.

Gemüse und Salat
Gemüse und Salat erhalten oftmals nicht die Aufmerksamkeit, die ihnen zusteht. Finde ein Gemüse, das du gerne isst und nimm es in deinen Ernährungsplan auf. Das wird sich im Laufe der Jahre auszahlen. Wenn du andere Menschen zuhörst, die davon reden, wie wichtig es ist, auf eine ausgewogene Ernährung zu achten, beziehen sie sich dabei auch auf Gemüse. Einige der besten Gemüse- und Salatsorten, die du täglich konsumieren solltest, sind:
- Tomaten
- Karotten
- Rote Beete
- Grünkohl
- Spinat
- Kohl
- Petersilie
- Broccoli

- Rosenkohl
- Kopfsalat
- Radieschen
- grüne, rote und gelbe Paprika
- Gurke
- Aubergine
- Avocado

Achte darauf, dass du eine Bandbreite an Farben zu dir nimmst, damit du deinem Körper verschiedene Vitamine und Mineralien zuführst.

Früchte
Früchte beinhalten ebenfalls eine große Menge an Vitaminen, die für deinen Körper wichtig sind, damit er Höchstleistungen erbringen kann. Antioxidantien helfen deinem Körper, sich schneller zu erholen. Das ist insbesondere für Sportler sehr hilfreich. Achte darauf nach dem Training oder dem Wettbewerb, sehr viele Früchte mit einem hohen Anteil an Antioxidantien zu essen. Sie versorgen dich mit wichtigen Ballaststoffen, die dir dabei helfen, das Essen schnell zu verdauen. Einige der besten Fruchtarten sind:

- Äpfel (grün und rot)
- Orangen
- Trauben (rot und grün)
- Bananen
- Grapefruit (etwas sauer, aber voller Antioxidantien)

- Zitronen und Limonen (in Form von Saft, den du mit Wasser mischst. Ich frage oft nach Wasser und einigen Scheiben Zitronen, wenn ich auswärts esse. Diese stellen ebenfalls wirkungsvolle Antioxidantien dar)
- Kirschen (nicht gezuckert).
- Mandarinen
- Wassermelone
- Cantaloupe-Melone

Wasser

Wasser und Hydration sind sehr wichtig für die Körperentwicklung und erhöhen die Energiemenge, die dir während des Tages zur Verfügung steht. Säfte und Shakes sind eine hilfreiche Ergänzung zum Wasser, ersetzen dieses jedoch nicht. Die zu trinkende Wassermenge richtet sich nach dem Anteil an kardiovaskulärem Training, das du ausführst. Sie kann den Richtwert überschreiten. Die meisten Menschen sollten mindestens 8 Gläser Wasser pro Tag, aber Sportler 10 – 14 Gläser Wasser am Tag trinken. Seitdem ich meine 3l-Wasserflasche überallhin mitnehme, erreiche ich mein „3l pro Tag"-Ziel, was meiner Gesundheit zu Gute kommt.

Einige der Vorteile, die ich selbst und auch andere Menschen beobachten konnten, sind:

- weniger oder gar keine Kopfschmerzen (das Gehirn ist ausreichend mit Wasser versorgt)
- eine verbesserte Verdauung.

- weniger Müdigkeitserscheinungen am Tag.
- mehr Energie am Morgen.
- weniger sichtbare Falten.
- weniger Krämpfe oder Anzeichnen von Muskelverspannungen (dies ist ein weit verbreitetes Problem bei Sportlern).
- eine bessere Konzentration (das ist vor allem beim Meditieren hilfreich).
- ein gesunkenes Bedürfnis nach Süßigkeiten und Snacks zwischen den Mahlzeiten.

KALENDER ZUM MUSKELAUFBAU

Woche 1:

Tag 1:

Frühaufsteher-Frühstück

Snack: Heidelbeer-Joghurt

Thunfisch-Burger und Salat

Snack: Kirschtomaten mit Ziegenkäse

Proteinschüssel nach mexikanischer Art

Tag 2:

Heidelbeer-Zitronen-Pfannkuchen

Snack: Avocado auf Toast

Würzige Rindersteak-Kebabs

Snack: Apfel und Erdnussbutter

Mediterraner Fisch

Tag 3:

Schüssel voller Kraft

Snack: Joghurt mit tropischen Früchten

Gefüllte Hühnerbrust mit braunem Reis

Snack: Paprika mit Ziegenkäse

Veganer freundliches Abendessen

Tag 4:

Mandelmilch-Smoothie

Snack: Tasse Popcorn

Pollack umhüllt mit Pancetta und Kartoffeln

Snack: Joghurt mit getrockneten Goji Beeren

Hummer in Knoblauch

Tag 5

Griechischer Joghurt mit Leinsamen und Apfel

Snack: Reiswaffel mit Erdnussbutter

Gebackter Lachs mit gegrilltem Spargel
Snack: Selleriestangen mit Ziegenkäse und grünen Oliven
Hühnchen mit Avocado-Salat
Tag 6:
Frühstücks-'Pizza'
Snack: Griechischer Joghurt mit Erdbeeren
Chicken Caesar Wraps
Snack: Geröstete Kichererbsen
Scharfer Kabeljau
Tag 7:
Paprikaringe mit 'frittierter Maisgrütze'
Snack: Nüsse-Mix
Rindfleisch und Broccoli-Nudeln
Snack: Schinken und Selleriestangen
Rucola-Hühnchen-Salat

Woche 2
Tag 1:
Molkenprotein-Muffins
Snack: Avocado auf Toast
Krabben und Zucchini-Linguine-Nudelsalat
Snack: Apfel und Erdnussbutter
Tofu-Burger
Tag 2:
Mexikanisches Mocha-Frühstück
Snack: Joghurt mit getrockneten Goji-Beeren
Forelle mit Kartoffelsalat
Snack: Tasse Popcorn
Hühnchen mit Ananas und Paprika
Tag 3:
Geräucherter Lachs und Avocado mit Toast

Snack: Kirschtomaten mit Ziegenkäse
Scharfes Huhn
Snack: Heidelbeer-Joghurt
Gegrillte Pilze und Zucchini-Burger
Tag 4:
Früchte-Erdnussbutter-Smoothie
Snack: Geröstete Kichererbsen
Mexikanisches Bohnen-Chili
Snack: Griechischer Joghurt mit Erdbeeren
Hühnchen süß-sauer
Tag 5:
Protein-gepacktes Gerangel
Snack: Paprika mit Ziegenkäse
Puten-Hackbällchen mit Vollkorn-Couscous
Snack: Joghurt mit Tropischen Früchten
Heilbutt in Dijon-Senf
Tag 6:
Kürbiskuchen-Protein-Pfannkuchen
Snack: Schinken und Selleriestangen
Mediterraner Reis
Snack: Nüsse-Mix
Thunfisch-Sandwich
Tag 7:
Thunfisch gefüllt mit Paprika
Snack: Selleriestangen mit Ziegenkäse und grünen Oliven
Pasta mit Hackbällchen und Salat
Snack: Reiswaffel mit Erdnussbutter
Sushi-Platte

Woche 3
Tag 1:

Proteinreiche Haferflocken
Snack: Tasse Popcorn
Gefüllte Eier mit Pita-Brot
Snack: Apfel und Erdnussbutter
Hühnchen-Blechkuchen
Tag 2:
Frühaufsteher-Frühstück
Snack: Avocado auf Toast
Rindfleisch und Broccoli-Nudeln
Snack: Joghurt mit getrockneten Goji-Beeren
Hummer in Knoblauch
Tag 3:
Schüssel voller Kraft
Snack: Griechischer Joghurt mit Erdbeeren
Chicken Caesar Wraps
Snack: Kirschtomaten mit Ziegenkäse
Mediterraner Fisch
Tag 4:
Heidelbeer-Zitronen-Pfannkuchen
Snack: Geröstete Kichererbsen
Gebackter Lachs mit gegrilltem Spargel
Snack: Heidelbeer-Joghurt
Rucola-Hühnchen-Salat
Tag 5:
Griechischer Joghurt mit Leinsamen und Apfel
Snack: Schinken und Selleriestangen
Thunfisch-Burger und Salat
Snack: Joghurt mit Tropischen Früchten
Hühnchen mit Avocado-Salat
Tag 6:
Paprikaringe mit 'frittierter Maisgrütze'

Snack: Paprika mit Ziegenkäse
Gefüllte Hühnerbrust mit braunem Reis
Snack: Nüsse-Mix
Scharfer Kabeljau
Tag 7:
Mandelmilch-Smoothie
Snack: Reiswaffel mit Erdnussbutter
Würzige Rindersteak-Kebabs
Snack: Selleriestangen mit Ziegenkäse und grünen Oliven
Proteinschüssel nach mexikanischer Art

Woche 4
Tag 1:
Frühstücks-'Pizza'
Snack: Griechischer Joghurt mit Erdbeeren
Pollack umhüllt mit Pancetta und Kartoffeln
Snack: Tasse Popcorn
Veganer freundliches Abendessen
Tag 2:
Mexikanischer Mocha-Frühstück
Snack: Kirschtomaten mit Ziegenkäse
Mediterraner Reis
Snack: Apfel und Erdnussbutter
Gegrillte Pilze und Zucchini-Burger
Tag 3:
Früchte-Erdnussbutter-Smoothie
Snack: Avocado auf Toast
Krabben und Zucchini-Linguine-Nudelsalat
Snack: Heidelbeer-Joghurt
Hühnchen süß-sauer
Tag 4:

Kürbiskuchen-Protein-Pfannkuchen
Snack: Joghurt mit getrockneten Goji-Beeren
Scharfes Huhn
Snack: Geröstete Kichererbsen
Heilbutt in Dijon-Senf
Tag 5:
Geräucherter Lachs und Avocado mit Toast
Snack: Schinken und Selleriestangen
Pasta mit Hackbällchen und Salat
Snack: Nüsse-Mix
Tofu-Burger
Tag 6:
Proteinreiche Haferflocken
Snack: Paprika mit Ziegenkäse
Mexikanisches Bohnen-Chili
Snack: Joghurt mit Tropischen Früchten
Sushi-Platte
Tag 7:
Protein-gepacktes Gerangel
Snack: Reiswaffel mit Erdnussbutter
Forelle mit Kartoffelsalat
Snack: Griechischer Joghurt mit Erdbeeren
Hühnchen-Blechkuchen

2 zusätzliche Tage für einen vollen Monat:

Tag 1:

Molkenprotein-Muffins

Snack: Selleriestangen mit Ziegenkäse und grünen Oliven

Puten-Hackbällchen mit Vollkorn-Couscous

Snack: Apfel und Erdnussbutter

Thunfisch-Sandwich

Tag 2:

Thunfisch gefüllt mit Paprika

Snack: Heidelbeer-Joghurt

Gefüllte Eier mit Pita-Brot

Snack: Nüsse-Mix

Hühnchen mit Ananas und Paprika

REZEPTE ZUM MUSKELAUFBAU FÜR HÖCHSTLEISTUNGEN

FRÜHSTÜCK

1. Frühaufsteher-Frühstück

Reiß deinen Körper aus einem katabolischen Zustand heraus und bring ihn in einen Muskel aufbauenden Zustand mit diesem proteinreichen, kohlehydrathaltigen, ofengebackenen Frühstück. Grapefruit und Spargel stellen sicher, dass du mehr als die Hälfte deiner täglichen Vitamin C Dosis zu dir nimmst.

Zutaten (1 Portion):
6 Eiweiße
½ Tasse gekochte Hirse und brauner Reis Mischung
3 Spargelspitzen, geschnitten
½ pinke Grapefruit
1 kleine rote Paprika, in Streifen geschnitten
1 Prise geschmacksloses Molkenproteinpulver
1 Knoblauchzehe, gehackt
Olivenöl-Spray
Pfeffer, Salz

Zubereitungszeit: 10 min
Kochzeit: 15-20 min

Zubereitung:

Heiz den Ofen auf 200°C Umluft /Gas 6 vor. Besprüh eine gusseiserne Backform mit etwas Olivenöl.

Verquirle in einer mittelgroßen Schüssel die Eier mit etwas Salz und Pfeffer, bis sie schaumig sind.

Gib die gekochte Hirse-brauner Zucker-Mischung in die Backform. Füge zuerst das Eiweißpulver und anschließend die Spargel- und Paprika-Stücke den Eiern hinzu.

Backe das Ganze im Ofen für 15 bis 20 Minuten oder bis die Eier gekocht sind.

Nährwert pro Portion: 407kcal, 52g Proteine, 40g Kohlenhydrate (5g Ballaststoffe, 8g Zucker), 2g Fette, 15% Calcium, 12% Eisen, 19% Magnesium, 26% Vitamin A, 63% Vitamin C, 48% Vitamin K, 12% Vitamin B1, 69% Vitamin B2, 26% Vitamin B9.

2. Schüssel voller Kraft

Ein Frühstück mit einem angepassten Namen, die Schüssel voller Kraft kombiniert proteinreiche Eier mit energiegeladenen Haferflocken. Die Walnüsse fügen dem Ganzen gesunde Fette und die Honigspritzer ein Hauch von Süße hinzu.

Zutaten (1 Portion):
6 Eiweiße
½ Tasse instant-Haferflocken, gekocht
1/8 Tasse Walnüsse
¼ Tasse Beeren
1 Teelöffel Naturhonig
Zimt

Zubereitungszeit: 10 min
Kochzeit: 5 min

Zubereitung:
Verquirle die Eiweiße, bis sie schaumig sind und koche sie in einer Bratpfanne bei mittlerer Hitze.
Vereine die Haferflocken und die Eiweiße in einer Schüssel. Füge Zimt und Naturhonig hinzu und vermische alles.
Garnier das Ganze mit Beeren, Bananen und Walnüssen.

Nährwert pro Portion: 344kcal, 30g Proteine, 33g Kohlenhydrate (3g Ballaststoffe, 23g Zucker), 11g Fette (2 gesättigte), 10% Eisen, 15% Magnesium, 10% Vitamin B1, 11% Vitamin B2, 15% Vitamin B5.

3. Thunfisch gefüllt mit Paprika

Das ist ein schnelles und nahrhaftes Rezept, das eine enorme Summe an B12 liefert. Da Thunfisch voller Proteine ist, ist es eine exzellente Option für ein Frühstück, das Muskeln aufbaut. Wenn du willst, füge einige Kohlenhydrate zu deiner Mahlzeit hinzu: ein Stück Vollkorn-Toast ist eine gute Wahl.

Zutaten (2 Portionen):
2 Dosen Thunfisch in Wasser (185g), halb getrocknet
3 hartgekochte Eier
1 Frühlingszwiebel, fein gehackt
5 kleine Essiggurken, gewürfelt
Salz, Pfeffer
4 Paprika, halbiert, von Kernen befreit

Vorbereitungszeit: 5 min
Kochzeit: 10 min

Zubereitung:
Gib den Thunfisch, die Eier, die Frühlingszwiebeln, die Essiggurken und die Gewürze in einen Mixer und vermische sie, bis sie flüssig sind.
Füll die Paprikahälften mit der Mischung und serviere sie.

Nährwert pro Portion: 480kcal, 46g Proteine, 16g Fette (4g gesättigt), 8g Kohlenhydrate (2g Ballaststoffe, 4g Zucker), 28% Magnesium, 94% Vitamin A, 400% Vitamin C, 12% Vitamin E, 67% Vitamin K, 18% Vitamin B1, 32%

Vitamin B2, 90% Vitamin B3, 20% Vitamin B5, 56% Vitamin B6, 18% Vitamin B9, 284% Vitamin B12.

4. Griechischer Joghurt mit Leinsamen und Apfel

Mach Schluss mit dem traditionellen Eiweiß-Muskelbildner-Frühstück und versuche eine proteinreichen griechischen Joghurt, der mit Äpfeln verfeinert wurde. Verwende ganze Leinsamen um deinen Ballaststoff-Einnahme zu maximieren und lege sie über Nacht in Wasser ein. Dadurch werden sie weich und leicht verdaulich.

Zutaten (1 Portion):
1 Tasse griechischer Joghurt
1 Apfel, dünn geschnitten
2 Esslöffel Leinsamen
¼ Teelöffel Zimt
1 Teelöffel Honigkraut
eine Prise Salz

Zubereitungszeit: 5 min
Kochzeit: 45 min

Zubereitung:
Heize den Ofen auf 190°C Umluft/Gas 5 vor. Gib den geschnittenen Apfel in eine teflonbeschichtete Pfanne, streu Zimt, Honigkraut und eine Prise Salz darüber. Leg den Deckel auf die Pfanne und backe das Ganze für 45 Minuten bzw. bis er weich ist. Nimm sie aus dem Ofen und lass sie 30 Minuten auskühlen.
Gib den griechischen Joghurt in eine Schüssel und füge die Äpfel und Leinsamen dazu. Serviere das Gericht anschließend.

Nährwert pro Portion: 422kcal, 22g Proteine, 39g Kohlenhydrate (7g Ballaststoffe, 22 g Zucker), 21g Fette (8 g gesättigt), 14% Calcium, 22% Magnesium, 14% Vitamin C, 24% Vitamin B1, 13% Vitamin B12.

5. Paprikaringe mit 'frittierter Maisgrütze'

Ein leckeres und besonders aussehendes Gericht, die Paprika-Ringe mit 'fitter Maisgrütze' heizt deine Muskeln an und stärkt sie über den Tag hinweg. Voller Farbe und Nährstoffe ist dieses Frühstück reich an Vitamin B1.

Zutaten (1 Portion):
6 Eiweiße
2 Eier
¼ Tasse brauner Farina-Reis
1 Tasse frischer Spinat
½ grüne Paprika
1 Tasse Kirschtomaten
Olivenöl-Spray
Salz, Pfeffer

Zubereitungszeit: 10 min
Kochzeit: 15 min

Zubereitung:
Verquirle das Eiweiß mit einer Prise Salz und Pfeffer, bis es schaumig ist. Erhitze Öl in einer teflonbeschichteten Pfanne und koche die Eiweiße sowie den Farina-Reis. Gib Spinat dazu, vermisch alles und koche es, bis der Spinat gewellt ist.
Sprühe etwas Olivenöl in eine Bratpfanne und erhitz es auf mittlerer Stufe. Schneide die Paprika horizontal in 2 Ringe, gib sie in die Bratpfanne und zerbrich die Eier in den Paprika. Lass sie kochen, bis die Eier weiß werden.

Stell die Eier-Farina-Mischung und die gekochten Paprikaringe auf eine Platte und serviere das Ganze mit Kirschtomaten.

Nährwert pro Portion: 495kcal, 45g Proteine, 45g Kohlenhydrate (3g Ballaststoffe, 7g Zucker), 11g Fette (3g gesättigt), 9% Calcium, 14% Eisen, 20% Magnesium, 35% Vitamin A, 32% Vitamin C, 91% Vitamin B2, 22% Vitamin B5, 12% Vitamin B6, 15% Vitamin B12.

6. Mandelmilch-Smoothie

110 Minuten sind alles, was du brauchst um diesen Vitamin D und B1 reichen Mandelmilch-Smoothie zuzubereiten. Du kannst eine große Kanne davon zubereiten und den Rest im Gefrierschrank aufbewahren. Damit machst du diesen Smoothie zu einer perfekten Wahl für ein schnelles Frühstück für unterwegs.

Zutaten (2 Portionen):
1 Tasse Mandelmilch
1 Tasse gefrorener Beeren
1 Tasse Spinat
1 Portion Proteinpulver mit Bananengeschmack
1 Esslöffel Chia-Salbei
Zubereitungszeit: 10 min
Keine Kochzeit

Zubereitung:
Gib alle Zutaten in einen Mixer, bis sie flüssig sind. Schütte zwei Gläser aus und serviere den Smoothie.

Nährwert pro Portion: 295kcal, 26g Proteine, 32g Kohlenhydrate (4g Ballaststoffe, 13g Zucker), 9g Fette, 40% Calcium, 20% Eisen, 12% Magnesium, 50% Vitamin A, 40% Vitamin C, 25% Vitamin D, 57% Vitamin E, 213% Vitamin B1, 18% Vitamin B9.

7. Kürbiskuchen-Protein-Pfannkuchen

Vergiss Fluor und versuche Hafer-Pfannkuchen mit einer geschmackvollen Note von frischem Kürbis. Top das Ganze mit einer kalorienarmen Sirup und genieße ein proteinreiches Frühstück, das genauso gut schmeckt wie ein weizenhaltiges.

Zutaten (1 Portion :
1/3 Tasse Hafer
¼ Tasse Kürbis
½ Tasse Eiweiß
1 Prise Zimt-Proteinpulver
½ Teelöffel Zimt
Olivenöl-Spray

Zubereitungszeit: 5 min
Kochzeit: 5 min

Zubereitung:
Gib alle Zutaten zusammen in eine Schüssel. Besprüh eine mittelgroße Bratpfanne mit Olivenöl. Stelle sie anschließend bei mittlerer Hitze auf den Herd.
Gib den Teig in die Pfanne, und wende ihn, sobald sich dünne Blasen auf dem Pfannkuchen bilden. Wenn jede Seite goldbraun ist, nimm den Pfannkuchen heraus und serviere ihn.

Nährwert pro Portion: 335kcal, 39g Proteine, 37g Kohlenhydrate (6g Ballaststoffe, 1 g Zucker), 6g Fette, 14%

Calcium, 15% Eisen, 26% Magnesium, 60% Vitamin A, 26% Vitamin B1, 37% Vitamin B2, 10% Vitamin B5, 31% Vitamin B6.

8. Proteinreiche Haferflocken

Eine herzhafte Mahlzeit mit vielen Kohlenhydraten, die dich für Stunden gesättigt sein lassen, während Proteinpulver und Mandeln für einen proteinreichen Start in den Tag sorgen. Wenn du deine Haferflocken mit einem fruchtigen Geschmack bevorzugst, verwende Proteinpulver mit Bananengeschmack.

Zutaten (1 Portion):
2 Pakete instant-Haferflocken (28g je Paket)
¼ Tasse gemahlener Mandeln
1 Prise Molkenproteinpulver mit Vanillegeschmack
1 Esslöffel Zimt

Zubereitungszeit: 5 min
Kochzeit: 5 min

Zubereitung:
Gib die Instant-Haferflocken in eine Schüssel, vermische sie mit Proteinpulver und Zimt. Füge heißes Wasser hinzu und rühre alles um. Kröne das Ganze mit gemahlenen Mandeln und serviere es.

Nährwert pro Portion: 436kcal, 33g Proteine, 45g Kohlenhydrate (10g Ballaststoffe, 4g Zucker), 15g Fette (1g gesättigt), 17% Calcium, 19% Eisen, 37% Magnesium, 44% Vitamin E, 21% Vitamin B1, 21% Vitamin B2.

9. Protein-gepacktes Gerangel

Füttere deine Muskeln und vollziehe ein intensives Workout mit dieser 51g Proteinmahlzeit. Diese Rühreier mit Gemüse und Truthahn-Sauce haben den erheblichen Vorteil, dass sie vollgeladen sind mit Kohlenhydraten und zudem noch einer hohen Anzahl an Vitaminen.

Zutaten (1 Portion):
8 Eiweiße
2 Würfel Truthahn-Sauce, zerkleinert
1 große Zwiebel, gewürfelt
1 Tasse roter Paprika, gewürfelt
2 Tomaten, gewürfelt
2 Tasse frischer Spinat, gehackt
1 Teelöffel Olivenöl
Salz und Pfeffer

Zubereitungszeit: 10 min
Kochzeit: 10-15 min

Zubereitung:
Verquirle die Eiweiße mit einer Prise Salz und Pfeffer, bis sie schaumig sind. Stell sie dann zur Seite.
Erhitze das Öl in einer teflonbeschichteten Pfanne, verteile die Zwiebeln und Pfeffer darauf und brate alles kurz im Fett an, bis sie weich sind. Würze alles mit Salz und Pfeffer. Füge die Truthahn-Sauce hinzu und koche alles, bis es goldbraun ist. Senke dann die Hitze und füge die Eiweiße hinzu. Rühre alles um.

Wenn die Eier fast fertig sind, gib die Tomate und den Spinat dazu. Koche alles 2 Minuten und serviere es.

Nährwert pro Portion: 475kcal, 51g Proteine, 37g Kohlenhydrate (10g Ballaststoffe, 18g Zucker), 10g Fette (2g gesättigt), 14% Calcium, 23% Eisen, 37% Magnesium, 255% Vitamin A, 516% Vitamin C, 25% Vitamin E, 397% Vitamin K, 22% Vitamin B1, 112% Vitamin B2, 29% Vitamin B3, 19% Vitamin B5, 51% Vitamin B6, 65% Vitamin B9.

10. Früchte-Erdnussbutter-Smoothie

Welche bessere Art gibt es um deine täglichen Calcium-Bedarf zu decken als mit diesem Smoothie in Erdbeer-Geschmack? Reich an Mineralien, Vitaminen, Proteinen und Energie entfachenden Kohlenhydraten ist dieser Smoothie die perfekte Art und Wiese für einen schnellen Start in den Tag.

Zutaten (1 Portion):
15 mittelgroße Erdbeeren
1 1/3 Esslöffel Erdnussbutter
85g Tofu
½ Tasse fettfreier Joghurt
¾ Tasse fettreduzierte Milche
1 Portion Proteinpulver
8 Eiswürfel

Zubereitungszeit: 5min
Keine Kochzeit

Zubereitung:
Gieße die Milch in einen Mixer, anschließend den Joghurt und die restlichen Zutaten. Verrühr alles, bis die Mischung komplett vermengt und schaumig ist. Füll es in ein Glas und serviere es.

Nährwert pro Portion: 472kcal, 45g Proteine, 40g Kohlenhydrate (6g Ballaststoffe, 31g Zucker), 13g Fette (4g gesättigt), 110% Calcium, 35% Eisen, 27% Magnesium, 30% Vitamin A, 190% Vitamin C, 11% Vitamin E, 13%

Vitamin B1, 24% Vitamin B2, 10% Vitamin B5, 18% Vitamin B6, 17% Vitamin B9, 12% Vitamin B12.

11. Molkenprotein-Muffins

Mit einer gesunden Dosis an Hafer und einem schokoladigen Geschmack von Molkenprotein-pulver sind diese Muffins eine wahre Frühstücks-Alternative zum gewöhnlichen Hafer. Gepaart mit einem Glas Milch stellt diese Mahlzeit sicher, dass du eine große Menge an Calcium und Vitamin D zu dir nimmst – nicht zu vergessen die netten Proteine und Kohlenhydrate.

Zutaten (4 Muffins-2 Portionen):
1 Tasse kernige Haferflocken
1 großes, ganzes Ei
5 große Eiweiße
½ Portion Molkenproteinpulver in Schokoladengeschmack
Olivenöl-Spray
2 Tassen fettreduzierte Milch, zum Servieren

Zubereitungszeit: 2 min
Kochzeit: 15 min

Zubereitung:
Heiz den Ofen auf 190 °C Umluft/ Gas 5 vor.
Mixe alle Zutaten zusammen für 30 Sekunden. Besprüh die Muffin-Form leicht mit Olivenöl und befülle vier Förmchen. Stell die Form für 15 Minuten in den Backofen. Nimm die Muffins aus dem Ofen, lass sie auskühlen und serviere sie mit einem Glas Milch.

Nährwert pro Portion (inklusive Milch): 330kcal, 28g Proteine, 37g Kohlenhydrate (9g Ballaststoffe, 13g

Zucker), 6g Fette (5g gesättigt, 37% Calcium, 22% Eisen, 19% Magnesium, 12% Vitamin A, 34% Vitamin D, 44% Vitamin B1, 66% Vitamin B2, 25% Vitamin B5, 11% Vitamin B6, 24% Vitamin B12.

12. Geräucherter Lachs und Avocado mit Toast

Bist du gerade auf dem Weg zu einem anstrengenden Workout und hast keine Zeit? Es dauert nur 5 Minuten, dieses schmackhafte Frühstück zusammen zu stellen. Sowohl Lachs als auch Avocado sind reich an gesunden Säuren. Diese Mahlzeit hat genug Proteine und Kohlenhydrate, damit du motiviert bleibst.

Zutaten (2 Portionen):
300g geräucherter Lachs
2 mittelgroße, reife Avocados, entkernt und geschält
Saft von einer ½ Zitrone
Eine Hand voll Estragon-Blätter, gehackt
2 Scheiben Vollkornbrot, getoastet

Zubereitungszeit: 5 min
Keine Kochzeit

Zubereitung:
Schneide die Avocados in Stücke und press den Zitronensaft aus. Rolle und falte die Scheiben geräucherter Lachs, lege sie auf Servierplatten, bestreue sie mit Avocado und Estragon. Serviere das Ganze mit einer Scheibe Vollkorntoast.

Nährwert pro Portion: 550kcal, 34g Proteine, 37g Kohlenhydrate (12g Ballaststoffe, 4g Zucker), 30g Fette (5g gesättigt), 17% Eisen, 24% Magnesium, 25% Vitamin C, 27% Vitamin E, 42% Vitamin K, 16% Vitamin B1, 24%

Vitamin B2, 55% Vitamin B3, 35% Vitamin B5, 40% Vitamin B6, 35% Vitamin B9, 81% Vitamin B12.

13. Frühstücks-'Pizza'

Bist du gerade auf dem Weg zu einem anstrengenden Workout und hast keine Zeit? Es dauert nur 5 Minuten, dieses schmackhafte Frühstück zusammen zu stellen. Sowohl Lachs als auch Avocado sind reich an gesunden Säuren. Diese Mahlzeit hat genug Proteine und Kohlenhydrate, damit du motiviert bleibst.

Zutaten (2 Portionen):
300g geräucherter Lachs
2 mittelgroße, reife Avocados, entkernt und geschält
Saft von einer ½ Zitrone
Eine Hand voll Estragon-Blätter, gehackt
2 Scheiben Vollkornbrot, getoastet

Zubereitungszeit: 5 min
Keine Kochzeit

Zubereitung:
Schneide die Avocados in Stücke und press den Zitronensaft aus. Rolle und falte die Scheiben geräucherter Lachs, lege sie auf Servierplatten, bestreue sie mit Avocado und Estragon. Serviere das Ganze mit einer Scheibe Vollkorntoast.

Nährwert pro Portion: 550kcal, 34g Proteine, 37g Kohlenhydrate (12g Ballaststoffe, 4g Zucker), 30g Fette (5g gesättigt), 17% Eisen, 24% Magnesium, 25% Vitamin C, 27% Vitamin E, 42% Vitamin K, 16% Vitamin B1, 24%

Vitamin B2, 55% Vitamin B3, 35% Vitamin B5, 40% Vitamin B6, 35% Vitamin B9, 81% Vitamin B12.

14. Mexikanisches Mocha-Frühstück

Garnier deine Lieblingstasse Haferflocken mit einer gesunden Zugabe von Mandelmilch und genieß ein schnell zubereitetes und Ballaststoff reiches Frühstück. Der Cayenne-Pfeffer ist perfekt, um deinen Haferflocken ein kleines Ahhhhh zuzufügen.

Zutaten (1 Portion):
½ Tasse kernige Haferflocken
1 Portion Schokolade-Proteinpulver
½ Esslöffel Zimt
½ Teelöffel Cayenne-Pfeffer
1 Tasse ungesüßte Mandelmilch
1 Esslöffel ungesüßtes Kakaopulver

Zubereitungszeit: 5 min
Kochzeit: 3 min

Zubereitung:
Mische alle Zutaten in einer Mikrowellen geeigneten Schüssel. Erhitze alles für 2,5 bis 3 Minuten in der Mikrowelle und serviere es.

Nährwert pro Portion: 304kcal, 27g Proteine, 38g Kohlenhydrate (8g Ballaststoffe, 3g Zucke), 7g Fette, 32% Calcium, 15% Eisen, 25% Magnesium, 10% Vitamin A, 25% Vitamin D, 51% Vitamin E, 12% Vitamin B1.

15. Heidelbeer-Zitronen-Pfannkuchen

Ein warmes und sättigendes Frühstück – dieser Heidelbeer-Pfannkuchen mit Zitronengeschmack ist eine einfache und geschmackvolle Art, die stärkende Mahlzeit zu erhalten, die du brauchst, um in den Tag zu starten. Gib einen Esslöffel griechischer Joghurt auf deinen Pfannkuchen, wenn du magst.

Zutaten (1 Portion):
1/3 Tasse Haferkleie
5 Eiweiße
½ Tasse Heidelbeeren
1 Portion geschmackloses Molkenproteinpulver
½ Teelöffel Back-Natron
1 Teelöffel geriebene Zitronenschale
1 Esslöffel Zitronensaft
Olivenöl-Spray
Zubereitungszeit: 5 min
Kochzeit: 5 min

Zubereitung:
Vermenge alle Zutaten in einer großen Schüssel, mische sie und rühre sie um, bis sie geschmeidig sind.
Koche den Teig in einer eingefetteten Pfanne bei mittlerer Temperatur, bis sich Blasen auf der Oberfläche bilden. Wende ihn und brate jede Seite, bis sie goldbraun ist. Nimm den Pfannkuchen heraus und serviere ihn.

Nährwert pro Portion: 340kcal, 47g Proteine, 37g Kohlenhydrate (6g Ballaststoffe, 14g Zucker), 5g Fette,

10% Eisen, 25% Magnesium, 12% Vitamin C, 19% Vitamin K, 26% Vitamin B1, 58% Vitamin B2.

MITTAGESSEN

16. Mediterraner Reis

Verwandle die langweilige Thunfisch-Dose in ein leckeres Gericht, das der perfekte Start für einen Nachmittag voller Übungen ist. Die hohe Menge an Kohlenhydraten wird dir genügend Energie für dein Workout liefern und die Proteine stellen sicher, dass deine Muskeln nach der Anstrengung wieder zu Kräften kommen.

Zutaten (1 Portion):
1 Dose Thunfisch in Öl, abgeschöpft
100g brauner Reis
¼ Avocado, gewürfelt
¼ rote Zwiebel, geschnitten
Saft von ½ Zitrone
Salz und Pfeffer

Zubereitungszeit: 5 min
Kochzeit: 20 min

Zubereitung:
Erhitze den braunen Reis für ungefähr 20 Minuten und gib ihn anschließend in eine Schüssel mit Zwiebeln, Thunfisch und Avocado. Füg den Zitronensaft hinzu und vermische alle Zutaten. Würze alles mit Salz und Pfeffer, schmecke es ab und serviere es.

Nährwert pro Portion: 590kcal, 32g Proteine, 80g Kohlenhydrate (7g Ballaststoffe, 1g Zucker), 14g Fette (5g gesättigt), 22% Eisen, 52% Magnesium, 101% Vitamin D, 18% Vitamin E, 107% Vitamin K, 32% Vitamin B1, 134% Vitamin B3, 26% Vitamin B5, 39% Vitamin B6, 15% Vitamin B9, 63% Vitamin B12.

17. Scharfes Huhn

Huhn ist perfekt für eine proteinreiche, Muskel aufbauende Mahlzeit. Reich an Nährstoffen kann diese einfache und leckere Mahlzeit mit einer Kohlenhydrat-Beilage deiner Wahl kombiniert werden.

Zutaten (2 Portionen):
3 knochenfreie Hühner-Brüste, halbiert
175g fettreduzierter Joghurt
5cm breite Stücke Gurke, fein gehackt
2 Esslöffel Thai rote Currypaste
2 Esslöffel Koriander, gehackt
2 Tassen frischer Spinat, als Beilage
Zubereitungszeit: 5 min
Kochzeit: 35-40 min

Zubereitung:
Heiz den Backofen auf 190°C Umluft/Gas 5 vor. Leg das Huhn eben in eine Schüssel. Misch ein Drittel des Joghurts mit der Currypaste und zwei Drittel Koriander, füge Salz und Pfeffer dazu und gieß alles über das Huhn. Stell sicher, dass das Fleisch gleichmäßig bedeckt ist. Lass es 30 Minuten ziehen (oder stell es über Nacht in den Kühlschrank)
Steck das Huhn auf eine Grillstange in einer Bratform und brate es 35 bis 40 Minuten, bis es goldbraun ist.
Erhitze Wasser in einer Pfanne und lass den Spinat sich darin zusammenfalten.

Mische den restlichen Joghurt und Koriander, füge Gurke dazu und rühre alles um. Gieß die Mischung auf das Huhn und serviere es mit dem gekochten Spinat.

Nährwert pro Portion: 275kcal, 43g Proteine, 8g Kohlenhydrate (1g Ballaststoffe, 8g Zucker, 3g Fette (1g gesättigt), 20% Calcium, 15% Eisen, 25% Magnesium, 56% Vitamin A, 18% Vitamin C, 181% Vitamin K, 16% Vitamin B1, 26% Vitamin B2, 133% Vitamin B3, 25% Vitamin B5, 67% Vitamin B6, 19% Vitamin B9, 22% Vitamin B12.

18. Gefüllte Eier mit Pita-Brot

Decke deinen Bedarf an Omega-3-Fettsäuren mit diesem lachshaltigen Gericht. Reich an Vitaminen und Mineralien ist es eine großartige Art und Wiese, um dich mit Energie aufzutanken und gestärkt durch den Tag zu gehen.

Zutaten (2 Portionen):
1 in Wasser eingelegter Lachs aus der Dose (450g)
2 Eier
1 große Frühlingszwiebel, fein geschnitten
2 große Blätter Kopfsalat
10 Kirschtomaten
1 Esslöffel griechischer Joghurt
1 großes Vollkorn-Fladenbrot, halbiert
Meersalz und Pfeffer

Zubereitungszeit: 10 min
Kochzeit: 10 min

Zubereitung:
Koch die Eier, schäle sie und halbiere sie. Entferne anschließend den Eidotter und lege sie in eine Schüssel.
Gib den Lachs aus der Dose in die Schüssel sowie 1 Esslöffel Joghurt, die Frühlingszwiebel und Gewürze. Vermische alle Zutaten und fülle die Eier damit. Serviere das Fladenbrot gefüllt mit Kopfsalat und Tomaten.

Nährwert pro Portion: 455kcal, 45g Proteine, 24g Kohlenhydrate (3g Ballaststoffe, 2g Zucker), 36g Fette (10g gesättigt), 59% Calcium, 22% Eisen, 21% Magnesium, 30% Vitamin A, 24% Vitamin C, 43% Vitamin K, 11%

Vitamin B1, 36% Vitamin B2, 60% Vitamin B3, 20% Vitamin B5, 41% Vitamin B6, 20% Vitamin B9, 20% Vitamin B12.

19. Chicken Caesar Wraps

Diese Chicken Wraps ergeben eine großartige, tragbare Mahlzeit, die sicherstellt, dass dein Proteinlevel während des ganzen Tages hoch ist. Gib etwas Baby-Spinat dazu und mach daraus ein grüneres Gericht.

Zutaten (1 Portion):
85g Hühnerbrust, gebacken
2 ganze Vollkorn-Tortillas
1 Tasse Kopfsalat
50g fettfreier Joghurt
1 Teelöffel Anchovis-Paste
1 Teelöffel trockenes Senfpulver
1 Knoblauchzehe, gekocht
½ mittelgroße Gurke, gewürfelt

Zubereitungszeit: 5 min
Keine Kochzeit

Zubereitung:
Kombiniere die Anchovis-Paste mit dem Knoblauch und dem Joghurt, rühre um und gib Kopfsalat und die Gurken dazu. Teile die Mischung in 2 Hälften und streich sie auf die Tortillas. Leg anschlieOend das halbe Huhn in jede Tortilla. Wickel es ein und serviere es.

Nährwert pro Portion (2 Tortillas): 460kcal, 41g Proteine, 57g Kohlenhydrate (7g Ballaststoffe, 9g Zucker), 10g Fette (2g gesättigt), 11% Calcium, 22% Vitamin K, 13% Vitamin

B2, 59% Vitamin B3, 12% Vitamin B5, 29% Vitamin B6, 10% Vitamin B12.

20. Gebackter Lachs mit gegrilltem Spargel

Ein klassisches Gericht, das durch eine Zitronenmarinade und Senf interessanter gemacht wurde. Der gegrillte Lachs passt hervorragend zu den in Knoblauch eingelegten Spargelspitzen. Behandle dich selbst mit einer großartigen Kombination aus Proteinen und Vitaminen.

Zutaten (1 Portion):
140g Wildlachs
1 ½ Tasse Spargel
Marinade:
1 Esslöffel Knoblauch, fein geschnitten
1 Esslöffel Dijon Senf
Saft vom ½ Zitrone
1 Teelöffel Olivenöl

Vorbereitungszeit: 5 min
Kochzeit: 15 min

Zubereitung:
Heiz den Backofen auf 200°C Umluft/Gas 6 vor.
Mische in einer Schüssel den Zitronensaft mit der Hälfte des Knoblauchs, Olivenöl und Senf. Gieß die Marinade über den Lachs und stell sicher, dass er komplett bedeckt ist. Stell den marinierten Lachs für mindestens eine Stunde in den Kühlschrank.
Schneide die Spargelspitzen ab. Stell eine teflonbeschichtete Pfanne auf mittlerer/starke Hitze auf. Lege den Spargel mit dem verbleibenden Knoblauch ein,

wende den Spargel dazu auf beiden Seiten und lass ihn für etwa 5 Minuten ziehen.

Leg den Lachs auf Backpapier und backe ihn für 10 Minuten. Serviere ihn anschließend mit dem gegrillten Spargel.

Nährwert pro Portion: 350kcal, 43g Proteine, 7g Kohlenhydrate (5g Ballaststoffe, 1 g Zucker), 16g Fette (1 gesättigt), 17% Eisen, 20% Magnesium, 48% Vitamin A, 119% Vitamin C, 17% Vitamin E, 288% Vitamin K, 39% Vitamin B1, 60% Vitamin B2, 90% Vitamin B3, 33% Vitamin B5, 74% Vitamin B6, 109% Vitamin B9, 75% Vitamin B12.

21. Pasta mit Hackbällchen und Spinat

Ein proteinreiches Pasta-Gericht macht das Beste aus der Paarung Rindfleisch und Spinat. Es steckt nicht nur rund um voller Vitamine, sondern es beinhaltet auch eine gesunde Menge an Magnesium, das die Muskelkontraktion reguliert.

Zutaten (2 Portionen):
Für die Hackbällchen:
170g fettarmes Hackfleisch vom Rind
½ Tasse frischer Spinat, zerkleinert
1 Esslöffel Knoblauch, fein geschnitten
¼ Tasse rote Zwiebel, geschnitten
1 Teelöffel Kümmel
Meersalz und Pfeffer
Für die Pasta:
100g Weizen-Spinat-Pasta
10 Kirschtomaten
2 Tasse frischer Spinat
¼ Tasse Marinara-Sauce
2 Esslöffel fettreduzierter Parmesan-Käse

Zubereitungszeit: 15 min
Kochzeit: 30 min

Zubereitung:
Heiz den Backofen auf 200°C Umluft/Gas 6 vor.
Mische das Hackfleisch, den frischen Spinat, den Knoblauch, die rote Zwiebel sowie Salz und Pfeffer nach

Geschmack. Vermenge das Ganze mit den Händen, bis der Spinat völlig mit dem Fleisch vermischt ist.

Forme zwei oder drei Hackbällchen ungefähr gleicher Größe und leg sie für 10 bis 12 Minuten auf ein Backpapier in den Backofen.

Koch die Nudeln nach Packungsanweisung. Schütte das Nudelwasser ab und rühre die Tomaten, den Spinat und den Käse unter die Nudeln. Füg die Hackbällchen hinzu und serviere alles.

Nährwert pro Portion: 470kcal, 33g Proteine, 50g Kohlenhydrate (6g Ballaststoffe, 5g Zucker), 12g Fette (5g gesättigt), 17% Calcium, 28% Eisen, 74% Magnesium, 104% Vitamin A, 38% Vitamin C, 11% Vitamin E, 361% Vitamin K, 16% Vitamin B1, 20% Vitamin B2, 45% Vitamin B3, 11% Vitamin B5, 45% Vitamin B6, 35% Vitamin B9, 37% Vitamin B12.

22. Gefüllte Hühnerbrust mit braunem Reis

Brauner Reis ist eine exzellente Art, qualitätsreiche Kohlenhydrate in deine Ernährung einzubringen. Ergänz das mit einer proteinreichen Hühnerbrust und etwas Gemüse, dann hast du ein leckeres und energiereiches Mittagessen.

Zutaten (1 Portion):
170g Hühnerbrust
½ Tasse frischer Spinat
50g brauner Reis
1 Frühlingszwiebel, geschnitten
1 Tomate, geschnitten
1 Esslöffel Feta-Käse

Zubereitungszeit: 10 min
Kochzeit: 30 min

Zubereitung:

Heiz den Backofen auf 190°C Umluft/Gas 5 vor.
Schneide die Hühnerbrust in der Mitte durch, so dass sie aussieht wie ein Schmetterling. Würz das Huhn mit Salz und Pfeffer, öffne es anschließend und füll es mit Spinat, Feta-Käse und Tomaten-Stücke. Falte die Hühnerbrust und verwende einen Zahnstocher, damit alles zusammenhält. Backe die Hühnerbrust für 20 Minuten.
Erhitze den braunen Reis, füg Knoblauch hinzu und gehackte Zwiebel. Befülle eine Platte mit braunem Reis, lege das Huhn darauf und serviere alles.

Nährwert pro Portion: 469kcal, 48g Proteine, 46g Kohlenhydrate (5g Ballaststoffe, 6g Zucker), 8g Fette (5g gesättigt), 22% Calcium, 18% Eisen, 38% Magnesium, 55% Vitamin A, 43% Vitamin C, 169% Vitamin K, 28% Vitamin B1, 28% Vitamin B2, 103% Vitamin B3, 28% Vitamin B5, 70% Vitamin B6, 23% Vitamin B9, 17% Vitamin B12.

23. Krabben und Zucchini-Linguine-Nudelsalat

Ein irreführendes Nudelgericht mit einer Portion zerkleinerter Zucchini und gedünsteten Krabben, die mit einem Hauch von Sesam verfeinert werden.
Diese Kombination der Zutaten macht ein leichtes Mittagessen aus mit einem hohen Gehalt an Proteinen.

Zutaten (1 Portion):
170g gedünstete Krabben
1 große Zucchini, geschnitten
¼ Tasse rote Zwiebel, geschnitten
1 Tasse Paprika, in Streifen
1 Esslöffel gebratene Tahini Butter
1 Teelöffel Sesamöl
1 Teelöffel Sesamsamen

Zubereitungszeit: 10 min
Keine Kochzeit

Zubereitung:
Schneide die Zucchini, indem du einen Zerkleinerer verwendest, um die Linguine frisch zuzubereiten.
Vermische Tahini und Sesamöl in einer Schüssel.
Gib alle Zutaten in eine große Schüssel, gieß die Tahini Sauce darüber und rühre alles um, um sicher zu gehen, dass alle Zutaten mit der Sauce bedeckt sind. Streu einige Sesamsamen hinein und serviere es.

Nährwert pro Portion: 420kcal, 45g Proteine, 26g Kohlenhydrate (10g Ballaststoffe, 12g Zucker), 18g Fette

(2g gesättigt), 19% Calcium, 47% Eisen, 48% Magnesium, 33% Vitamin A, 303% Vitamin C, 17% Vitamin E, 31% Vitamin K, 38% Vitamin B1, 36% Vitamin B2, 38% Vitamin B3, 13% Vitamin B5, 66% Vitamin B6, 35% Vitamin B9, 42% Vitamin B12.

24. Puten-Hackbällchen mit Vollkorn-Couscous

Diese Puten-Hackbällchen werden in einer Muffin-Form gebacken und stellen sicher, dass du deine gesättigte Fettsäure-Einnahme minimierst. Pepp sie etwas auf, indem du den Hackbällchen Paprika oder Pilze zufügst anstatt Zwiebel und würz sie mit etwas Bärlauch.

Zutaten (1 Portion):
140g mageres Puten-Hackfleisch
¾ Tasse rote Zwiebel, geschnitten
1 Tasse frischen Spinat
1/3 Tasse natriumarme Marinara-Sauce
½ Tasse Vollkorn-Couscous, gekocht
Gewürze deiner Wahl: Petersilie, Basilikum, Koriander
Pfeffer, Salz
Olivenöl-Spray

Zubereitungszeit: 5 min
Kochzeit: 20 min

Zubereitung:
Heiz den Ofen auf 200°C Umluft/Gas 6 vor.
Würz die Pute mit den Gewürzen deiner Wahl und gib die geschnittene Zwiebel dazu.
Sprüh die Muffin-Form leicht mit Olivenöl ein und leg die Pute in die Förmchen. Garniere jedes Puten-Hackbällchen mit 1 Esslöffel Marinara-Sauce, stell alles in den Backofen und back es 8 bis 10 Minuten.
Serviere das Ganze mit Couscous.

Nährwert pro Portion: 460kcal, 34g Proteine, 53g Kohlenhydrate (4g Ballaststoffe, 7g Zucker), 12g Fette (4g gesättigt), 12% Calcium, 15% Eisen, 10% Magnesium, 16% Vitamin A, 15% Vitamin C, 11% Vitamin E, 16% Vitamin K, 11% Vitamin B1, 25% Vitamin B3, 16% Vitamin B6, 11% Vitamin B9.

25. Thunfisch-Burger und Salat

Der Thunfisch-Burger ist reich an Proteinen und Kohlenhydraten. Damit ist er eine ausgezeichnete Wahl für ein Tagesgericht zum Workout. Bereite ihn jedes Mal etwas anders zu und wechsele beim Salatdressing zwischen verschiedenen Gemüse und Gewürzen.

Zutaten (1 Portion):
1 Dose Thunfisch-Stücke (165g)
1 Eiweiß
½ Tasse gehackte Pilze
2 Tasse Blattsalat, zerkleinert
¼ Tasse getrockneter Hafer
1 Teelöffel Olivenöl
1 Esslöffel fettreduziertes Salatdressing (deiner Wahl)
Kleiner Zweig Oregano, gehackt
1 mittelgroßes Vollkornbrötchen, halbiert

Zubereitungszeit 10 min
Kochzeit: 10 min

Zubereitung:
Vermenge das Eiweiß, den Thunfisch, den getrockneten Hafer, den Oregano und forme eine Frikadelle.
Erhitz das Öl in einer teflonbeschichteten Pfanne bei mittlerer Hitze, leg die Frikadellen hinein und wende sie von Zeit zu Zeit, um sicher zu gehen, dass sie auf beiden Seiten braun werden.
Schneide das Vollkornbrötchen in 2 Hälften (horizontal) und leg die Frikadelle zwischen die beiden Hälften.

Mische das Gemüse in einer Schüssel, gib das Salatdressing dazu und serviere es als Beilage zum Thunfisch-Burger.

Nährwert pro Person: 560kcal, 52g Proteine, 76g Kohlenhydrate (13g Ballaststoffe, 7g Zucker), 10g Fette (1g gesättigt), 11% Calcium, 35% Eisen, 38% Magnesium, 16% Vitamin A, 16% Vitamin K, 35% Vitamin B1, 33% Vitamin B2, 24% Vitamin B3, 28% Vitamin B5, 41% Vitamin B6, 21% Vitamin B9, 82% Vitamin B12.

26. Scharfe Rindersteak-Kebab

Dieser scharfe Kebab wird serviert mit Ofenkartoffeln. Das macht ihn nicht nur zu einer Muskel aufbauenden Mahlzeit, sondern auch eine gute Gelegenheit, das Augenlicht schützende Vitamin A deiner Ernährung zuzufügen. Füg einen Esslöffel eines fettreduzierten Joghurts zu deinen Kartoffeln um sie erfrischender zuzubereiten.

Zutaten (1 Portion):
140g mageres Rindersteak (Spannrippe)
200g Süßkartoffel
1 Paprika, gehackt
½ mittelgroße Zucchini, gehackt
fein gehackter Knoblauch
Pfeffer, Salz

Zubereitungszeit: 15 min
Kochzeit: 55 min

Zubereitung:
Heiz den Ofen auf 200°C Umluft/Gas 6 vor. Pack die Süßkartoffeln in Folie ein, leg sie in den Backofen und backe sie für 45 Minuten.
Schneide das Rindersteak in dünne Streifen, würz es mit Salz, Pfeffer und Knoblauch. Stell den Kebab zusammen, wechsele zwischen Rind, Zucchini und Paprika ab.
Leg den Kebab auf ein Backpapier und backe ich für 10 Minuten. Serviere ihn zusammen mit den Süßkartoffeln.

Nährwert pro Portion: 375kcal, 38g Proteine, 49g Kohlenhydrate (9g Ballaststoffe, 12g Zucker), 4g Fette (1g gesättigt), 24% Eisen, 27% Magnesium, 581% Vitamin A, 195% Vitamin C, 21% Vitamin K, 22% Vitamin B1, 28% Vitamin B2, 61% Vitamin B3, 28% Vitamin B5, 92% Vitamin B6, 20% Vitamin B9, 30% Vitamin B12.

27. Forelle mit Kartoffelsalat

Willst du sicherstellen, dass dir kein Vitamin B12 fehlt? Versuch diese gesunde Portion an Forelle gepaart mit einem nahrhaften und vitaminbeladenen, erfrischenden Kartoffelsalat.

Zutaten (2 Portionen):
2*140g Forellen-Filet
250g festkochende Kartoffel, halbiert
4 Teelöffel Joghurt
4 Teelöffel fettreduzierte Mayonnaise
1 Esslöffel Kapern, abgespült
4 kleine Cornichons, geschnitten
2 Frühlingszwiebel, ein geschnitten
¼ Gurke, geschnitten
1 Zitrone, Zitronenschale von einer ½ Zitrone

Zubereitungszeit: 10 min
Kochzeit: 20 min

Zubereitung:
Koch die Kartoffeln in gesalzenem Wasser für 15 Minuten, bis sie weich sind. Schütte das Wasser aus und kühle sie mit kaltem Wasser ab und lass sie wieder abtropfen.
Heiz den Grill.
Misch die Mayonnaise und den Joghurt, würz beides mit Zitronensaft. Gib die Mischung zu den Kartoffeln zusammen mit Kapern, einem Großteil der Frühlingszwiebeln, der Gurke und den Cornichons. Verteile die restlichen Zwiebeln auf den Salat.

Würz die Forelle, leg ihn mit Backpapier auf den Grill - mit der weichen Seite nach unten -, bis er gar ist. Streu Zitronenschale darüber und serviere ihn mit dem Kartoffelsalat.

Nährwert pro Portion: 420kcal, 38g Proteine, 28g Kohlhydrate (3g Ballaststoffe, 6g Zucker), 13g Fette (3g gesättigt), 12% Calcium, 11% Eisen, 22% Magnesium, 29% Vitamin C, 59% Vitamin K, 21% Vitamin B1, 18% Vitamin B2, 12% Vitamin B3, 22% Vitamin B5, 43% Vitamin B6, 18% Vitamin B9, 153% Vitamin B12.

28. Mexikanisches Bohnen-Chili

Als eine proteinreiche Mittags-Mahlzeit, eignet sich dieses Gericht hervorragend, um ein Drittel deines Täglichen Bedarfs an Ballaststoffen zu decken. Obwohl es bereits alleine genug Nährstoffe hat, kann es auch auf einem Berg von braunem Reis serviert werden.

Zutaten (2 Portionen):
250g fein geschnittenes Rindfleisch
200g gebackene Bohnen in der Dose
75ml Rinderfond
½ Zwiebel geschnitten
½ rote Peperoni, geschnitten
1 Teelöffel Chipotle-Paste
1 Teelöffel Olivenöl
½ Teelöffel Chilipulver
1 Tasse brauner Reis, gekocht (optional)
Korianderblätter oder Gewürz

Zubereitungszeit: 5 min
Kochzeit: 45 min

Zubereitung:
Erhitze das Öl in einer teflonbeschichteten Pfanne bei mittlerer Hitze. Brate anschließend die Zwiebeln und die roten Peperoni an, bis sie weich sind. Erhöhe die Hitze, füg Chilipulver dazu und koch alles für 2 Minuten, bevor du das fein geschnittene Rindfleisch dazu gibst. Koch alles, bis es braun wird und alle Flüssigkeit ausgetreten ist.

Gib den Rinderfond, die gebackenen Bohnen und die Chipotle-Paste dazu. Lass alles bei geringer Hitze 20 Minuten kochen, würze dann alles und garnier es mit Korianderblättern. Serviere das Ganze mit braunem Reis.

Nährwert pro Portion (ohne Reis): 402kcal, 34g Proteine, 19g Kohlenhydrate (5g Ballaststoffe, 10g Zucker), 14g Fette (5g gesättigt), 29% Eisen, 15% Magnesium, 42% Vitamin C, 11% Vitamin B1, 16% Vitamin B2, 34% Vitamin B3, 40% Vitamin B6, 18% Vitamin B9, 52% Vitamin B12. ½ Tasse Reis: 108kcal

29. Rindfleisch und Broccoli-Nudeln

Als ein praktisches, leckeres Gericht brauchen die Rindfleisch und Broccoli Nudeln nur 20 Minuten Zubereitungszeit. Damit ist es eine gute Wahl für einen vollen Tag. Du kannst die Nudeln mit einigen Scheiben roter Chili servieren, um dem Ganzen eine extra Schärfe zu verleihen.

Zutaten (2 Portionen):
2 Tassen Eiernudeln
200g kurz angebratene Rinderstreifen
1 Frühlingszwiebel, geschnitten
½ Kopf Broccoli, kleine Bünde
1 Teelöffel Sesamöl
Für die Sauce:
1 ½ Esslöffel salzarme Soja-Sauce
1 Teelöffel Tomatenketchup
1 Knoblauchzehe, gerieben
1 Esslöffel Austernsauce
¼ Ingwer, fein gerieben
1 Teelöffel Weißwein-Essig

Zubereitungszeit: 10 min
Kochzeit: 10 min

Zubereitung:
Vermische die Zutaten für die Sauce. Erhitz die Nudeln nach Packungsanweisung. Gib den Broccoli dazu, wenn sie fast fertig sind. Lass sie für einige Minuten kochen und schütte anschließend das Wasser ab.

Erhitz das Öl in einem Wok, bis es sehr heiß ist. Brate dann das Rindfleisch für 2 bis 3 Minuten kurz darin an, bis es braun ist. Gib die Sauce dazu, lass es aufkochen und anschließend bei mittlerer Hitze köcheln, bevor du den Herd ausschaltest.

Gib das Rindfleisch zu den Nudeln, garnier das Ganze mit Frühlingszwiebeln und serviere es direkt.

Nährwert pro Person: 352kcal, 33g Proteine, 39g Kohlenhydrate (5g Ballaststoffe, 5g Zucker), 9g Fette (2g gesättigt), 20% Eisen, 20% Magnesium, 20% Vitamin A, 224% Vitamin C, 214% Vitamin K, 14% Vitamin B1, 19% Vitamin B2, 43% Vitamin B3, 18%, Vitamin B5, 50% Vitamin B6, 31% Vitamin B9, 23% Vitamin B12.

30. Pollack umhüllt mit Pancetta und Kartoffeln

Dieses leichte und frisch schmeckende Gericht liefert viel Energie und ist reich an Proteinen. Dadurch ist es die ideale Wahl für ein Mittagessen. Der Pollack kann durch einen anderen weißen Fisch ersetzt werden, während statt der Oliven auch sonnengetrocknete Tomaten verwendet werden können.

Zutaten (2 Portionen):
2* 140g Pollack-Filets
4 Scheiben Pancetta
300g frische Kartoffeln
100g grüne Bohnen
30g Kalamata-Oliven
Saft und Schale von 1 Zitrone
2 Esslöffel Olivenöl
Einige Estragon-Zweige, Blätter abzupfen

Zubereitungszeit: 10 min
Kochzeit: 15 min

Zubereitung:
Heiz den Backofen auf 200°C Umluft/Gas 6 vor. Erhitz die Kartoffeln für 10 bis 12 Minuten, bis sie weich sind. Gib die Bohnen für die letzte 2 bis 3 Minuten dazu. Schütte anschließend das Wasser ab, schneide die Kartoffeln in der Mitte durch und leg sie in eine Backform. Dazu kommen die Oliven, die Zitronenschale, das Öl sowie die Gewürze.

Würze den Fisch und wickeln ihn in der Pancetta ein. Leg sie anschließend auf die Kartoffeln. Backe alles für 10 bis 12 Minuten, bis es gut durch ist. Füge dann den Zitronensaft dazu, garniere alles mit Estragon und serviere es.

Nährwert pro Portion: 525kcal, 46g Proteine, 36g Kohlenhydrate (5g Ballaststoffe, 3g Zucker), 31g Fette (8g gesättigt), 10% Eisen, 31% Magnesium, 63% Vitamin C, 18% Vitamin K, 15% Vitamin B1, 13% Vitamin B2, 14% Vitamin B3, 25% Vitamin B6, 73% Vitamin B12.

ABENDESSEN

31. Sushi-Platte

Eine kalorienarme Sushi-Platte ersetzt Reis für Blumenkohl, welcher mit Knoblauch, Sojasauce und Zitronensaft verfeinert ist. Benutze die Seetang-Blätter, um das Gemüse und den Lachs einzuwickeln und forme eine Mini-Rolle.

Zutaten (2 Portionen):
170g geräucherter Lachs
1 mittegroße Avocado
½ Kopf Blumenkohl, gedünstet und gewürfelt
1/3 Tasse Karotten, zerkleinert
½ Teelöffel Cayenne
1.2 Teelöffel Knoblauchpulver
1 Esslöffel natriumarme Sojasauce
2 Seetang-Blätter
Saft von einer ½ Limette

Zubereitungszeit: 10 min
Keine Kochzeit

Zubereitung:
Gib den Blumenkohl, die Karotten, die Sojasauce, den Knoblauch, den Limettensaft und den Cayenne in eine Küchenmaschine. Stoppe sie, bevor sich die Mischung in eine Paste verwandelt. Serviere das Ganze neben Lachs und den Seetang-Blättern.

Nährwert pro Person: 272kcal, 20g Proteine, 13g Kohlenhydrate (7g Ballaststoffe, 4g Zucker), 16g Fette (1g gesättigt), 10% Eisen, 14% Magnesium, 73% Vitamin A, 88% Vitamin C, 13% Vitamin E, 40% Vitamin K, 18% Vitamin B1, 15% Vitamin B2, 31% Vitamin B3, 21% Vitamin B5, 31% Vitamin B6, 26% Vitamin B9, 45% Vitamin B12.

32. Hühnchen süß-sauer

Hühnchen süß-sauer ist ein leichtes und leckeres Rezept, das in jeder Küche Platz findet. Es ist reich an Proteinen und Vitaminen und passt sehr gut zu gedünsteten Broccoli-Rosetten.

Zutaten (2 Portionen):
300g Hühnerbrust, geschnitten in mundgerechte Stücke
1 Teelöffel Knoblauchsalz
¼ Tasse natriumarme Hühnerbrühe
¼ Tasse weißer Essig
¼ Süßstoff
¼ Teelöffel schwarzer Pfeffer
1 Teelöffel natriumarme Sojasauce
3 Teelöffel zuckerfreien Ketchup
Pfeilwurz
400g Broccoli-Rosetten, gedünstet

Zubereitungszeit: 10 min
Kochzeit: 15 min

Zubereitung:
Leg das Hühnchen in eine große Schüssel und würze es auf beiden Seiten mit Knoblauch, Pfeffer und Salz. Koch das Hühnchen bei mittlerer/starker Hitze, bis es gar ist.
Verrühre währenddessen die Hühnerbrühe, Süßstoff, Essig, Ketchup und Sojasauce in einer Sauce-Pfanne. Bring die Mischung zum Kochen und senke die Hitze. Füg die Pfeilwurz dazu und verrühre es gut. Lass es für einige Minuten kochen.

Gieß die Sauce über das gekochte Hühnchen und serviere es mit gedünstetem Broccoli.

Nährwert pro Portion: 250kcal, 40g Proteine, 14g Kohlenhydrate (6g Ballaststoffe, 4g Zucker), Fette 2g, 11% Calcium, 14% Eisen, 20% Magnesium, 24% Vitamin A, 303% Vitamin C, 254% Vitamin K, 17% Vitamin B1, 21% Vitamin B2, 90% Vitamin B3, 24% Vitamin B5, 58% Vitamin B6, 33% Vitamin B9.

33. Hummer in Knoblauch

Du benötigst nur 5 Minuten um dieses gesunde und leckere Gericht zuzubereiten. Es ist sehr reich an Magnesium und beinhaltet eine große Menge an Protein, trotz der Tatsache, dass dieses Rezept ohne Fleisch auskommt. Wenn du ein Vollkorn-Tortilla dazu nimmst, hast du das perfekte Essen für unterwegs.

Zutaten (3 Portionen):
1*400g Kichererbsen aus der Dose (halte 1/4 der Flüssigkeit zurück)
¼ Tasse Tahini
¼ Tasse Zitronensaft
1 Knoblauchzehe
1 Esslöffel Olivenöl
¼ Teelöffel Ingwer
¼ Teelöffel Kümmel
2 Frühlingszwiebel, fein gehackt
1 Tomaten, gewürfelt

Zubereitungszeit: 5 min
Keine Kochzeit

Zubereitung:
Gib die Kichererbsen, die Flüssigkeit davon, die Tahini, den Zitronensaft, das Olivenöl, den Knoblauch, den Kümmel und den Ingwer in eine Küchenmaschine und verrühr alles, bis es weich ist.

Füge die Tomaten und die Frühlingszwiebeln dazu und würze alles mit Salz und Pfeffer. Serviere alles mit Paprika-Stücken.

Nährwert pro Person: 324kcal, 11g Proteine, 21g Kohlenhydrate (7g Ballaststoffe, 1g Zucker), 17g Fette (2g gesättigt), 22% Calcium, 54% Eisen, 135% Magnesium, 10% Vitamin A, 12% Vitamin C, 33% Vitamin K, 122% Vitamin B1, 12% Vitamin B2, 44% Vitamin B3, 11% Vitamin B5, 12% Vitamin B6, 40% Vitamin B9.

34. Hühnchen mit Ananas und Paprika

Nimm eine Auszeit von den traditionellen Hühnchen-Rezepten und probiere diese Version mit süßer und erfrischender Ananas. Diese Mahlzeit ist reich an Vitamin B3 sowie Proteinen und noch dazu eine wichtige Quelle für Kohlenhydrate. Statt des Reises kannst du ebenso Hirse verwenden.

Zutaten (1 Portion):
140g Hühnerbrust, ohne Knochen
1 Esslöffel Senf
½ Tasse frische Ananas, geschnitten
½ Tasse Paprika, geschnitten
50g brauner Reis
Kokosöl-Spray
1 Teelöffel Kümmel
Salz und Pfeffer

Zubereitungszeit: 5 min
Kochzeit: 15 min

Zubereitung:
Schneide das Hühnchen in kleine Streifen, reibe sie mit Senf ein und würze sie mit Salz, Pfeffer und Kümmel.
Stell eine Pfanne bei mittlerer Hitze auf den Herd und besprüh sie leicht mit Kokosöl. Gib das Hühnchen hinzu und koche es auf allen Seiten. Wenn das Hühnchen fast fertig ist, erhöhe die Hitze und gib die Ananas-Stücke und die Paprika dazu. Koch alles und stell sicher, dass alle Seiten braun sind. Das sollte 3 bis 5 Minuten dauern.

Erhitze den braunen Reis und serviere ihn zusammen mit dem Hühnchen.

Nährwert pro Portion: 377kcal, 37g Proteine, 50g Kohlenhydrate (6g Ballaststoffe, 10g Zucker), 1g Fette, 12% Eisen, 33% Magnesium, 168% Vitamin C, 26% Vitamin B1, 13% Vitamin B2, 96% Vitamin B3, 22% Vitamin B5, 65% Vitamin B6, 10% Vitamin B9.

35. Proteinschüssel nach mexikanischer Art

Nimm dir eine Auszeit von Fleisch und schmeiß diese Zutaten zusammen für eine wohlschmeckende Alternative zum Gewöhnlichen. Du kannst das frittierte Fett und die ungesunden Kalorien weglassen und trotzdem bekommst du den vollen Geschmack mexikanischen Essens.

Zutaten:
1/3 Tasse gekochter, schwarzer Bohnen
½ Tasse gekochter. Brauner Reis
2 Esslöffel Salsa
¼ Avocado, geschnitten

Zubereitungszeit: 5 min
Keine Kochzeit

Zubereitung:
Vermlsche alle Zutaten in einer Schüssel und serviere das Ganze.

Nährwert pro Portion: 307kcal, 11g Proteine, 48g Kohlenhydrate (11g Ballaststoffe, 1g Zucker), 7g Fette (1g gesättigt), 26% Magnesium, 13% Vitamin K, 16% Vitamin B1, 11% Vitamin B3, 17% Vitamin B6, 30% Vitamin B9.

36. Rucola-Hühnchen-Salat

Rucola-Blätter verleihen diesem süßen und super gesunden Salat die gewisse Befriedigung. Diese Mahlzeit ist eine ausgiebige Quelle für Gemüse und qualitätsvolle Proteine und kann mit einem einfachen Dressing bestehend aus fettreduziertem Joghurt und Knoblauch bereichert werden.

Zutaten (1 Portion):
120g Hühnerbrust
5 Baby-Karotten, gewürfelt
¼ Rotkohl, gewürfelt
½ Tasse Rucola
1 Esslöffel Sonnenblumenkerne
1 Teelöffel Olivenöl

Zubereitungszeit: 10 min
Kochzeit: 10 min

Zubereitung:
Schneide das Hühnchen in mundgerechte Würfel. Erhitze das Olivenöl in einer teflonbeschichteten Pfanne und brate das Hühnchen darin an, bis es gekocht ist. Stell es zur Seite und lass es auskühlen.
Gib die Karotten, den Rucola und den Rotkohl in eine große Schüssel. Leg den Salat und die Sonnenblumenkerne auf das ausgekühlte Hühnchen und serviere alles.

Nährwert pro Portion: 311kcal, 30g Proteine, 9g Kohlenhydrate (1g Ballaststoffe), 13g Fette (1g gesättigt), 11% Eisen, 22% Magnesium, 150% Vitamin A, 25% Vitamin C, 29% Vitamin E, 32% Vitamin K, 23% Vitamin B1, 10% Vitamin B2, 72% Vitamin B3, 11% Vitamin B5, 49% Vitamin B6, 17% Vitamin B9.

37. Heilbutt in Dijon-Senf

Dieses würzige Heilbutt-Gericht ist eine schnelle und leichte Art und Weise um eine gesunde Dosis an Proteinen zu erhalten. Es ist arm an Kohlenhydraten sowie reich an Vitaminen und daher eine perfekte Wahl als Abendessen. Die geringe Menge an Kalorien erlaubt es dir die Sauce zu verdoppeln, wenn du dir gegenüber milde bist.

Zutaten (2 Portionen):
220g Heilbutt
¼ Zwiebel, geschnitten
1 rote Peperoni, geschnitten
1 Knoblauchzehe
1 Esslöffel Dijon-Senf
1 Teelöffel Worcestershire-Sauce
1 Teelöffel Olivenöl
Saft von 1 Zitrone
1 Bund Petersilie
2 große Karotten, in Stifte geschnitten
1 Tasse Broccoli-Rosetten
1 Tasse Pilze, geschnitten

Zubereitungszeit: 10 min
Kochzeit: 20 min

Zubereitung:
Gib die rote Peperoni, den Knoblauch, die Petersilie, den Senf, die Zwiebel, die Worcestershire-Sauce, den Zitronensaft und das Olivenöl in die Küchenmaschine.

Leg den Fisch, die Sauce und das restliche Gemüse in einen Backschlauch aus Pergament. Backe es bei 190°C Umluft/Gas 5 für 20 Minuten und serviere es anschließend.

Nährwert pro Portion: 225kcal, 33g Proteine, 12g Kohlenhydrate (3g Ballaststoffe, 5g Zucker), 5g Fette (1g gesättigt), 11% Calcium, 10% Eisen, 35% Magnesium, 180% Vitamin A, 77% Vitamin C, 71% Vitamin K, 13% Vitamin B1, 19% Vitamin B2, 51% Vitamin B3, 14% Vitamin B5, 34% Vitamin B6, 15% Vitamin B9, 25% Vitamin B12.

38. Hühnchen-Blechkuchen

Schnell, einfach und lecker – dieses Gericht sollte ein Sommeressen in deiner Küche sein, weil es dann genug Kirschtomaten geben wird. Die Pesto verleiht der einfach gewürzten Hühnerbrust einen erfrischenden Geschmack.

Zutaten (2 Portionen):
300g Hühnerbrust
300g Kirschtomaten
2 Esslöffel Pesto
1 Esslöffel Olivenöl
Salz, Pfeffer

Zubereitungszeit: 5 min
Kochzeit: 15 min

Zubereitung:
Gib die Hühnerbrust in eine Bratenform, würze sie, besprenkele sie mit Olivenöl und grille sie anschließend für 10 Minuten. Füge die Kirschtomaten dazu und grill das Ganze für weitere 5 Minuten, bis das Hühnchen durch ist. Reibe Pesto darauf und serviere das Ganze mit Kirschtomaten.

Nährwert pro Person: 312kcal, 36g Proteine, 7g Kohlenhydrate (2g Ballaststoffe, 5g Zucker), 19g Fette (4g gesättigt), 15% Magnesium, 25% Vitamin A, 34% Vitamin C, 11% Vitamin E, 20% Vitamin K, 10% Vitamin B1, 88% Vitamin B3, 13% Vitamin B5, 33% Vitamin B6.

39. Tofu-Burger

Tofu beinhaltet alle essentiellen Aminosäuren und das macht es zu einem perfekten Ersatz für Fleisch. Die karamellisierte Zwiebel mit Chili-Flocken und Sriracha gepaart mit dem Teriyaki-Tofu werden deine Geschmacksnerven erfreuen.

Zutaten (1 Portion):
85g Tofu (extra stark)
1 Esslöffel Teriyaki-Marinade
1 Esslöffel Sriracha
1 Salatblatt
30g Karotten, zerkleinert
¼ rote Zwiebel, geschnitten
½ Teelöffel rote Chili-Flocken
1 mittelgroßes Vollkornbrötchen

Zubereitungszeit: 5 min
Kochzeit: 10 min

Zubereitung:
Erhitz den Grill.
Mariniere den Tofu mit Teriyaki-Marinade, roten Chili-Flocken und Sriracha. Grill das Ganze für 3 bis 5 Minuten auf jeder Seite.
Brate die rote Zwiebel in einer teflonbeschichteten Pfanne an, bis sie karamellisieren.
Schneide das Brötchen in der Mitte durch, so dass du es wie ein Buch öffnen kannst. Fülle das Brötchen mit dem

gegrillten Tofu, den karamellisierten Zwiebeln, den Karotten sowie dem Blattsalat und serviere alles.

Nährwert pro Portion: 194kcal, 11g Proteine, 28g Kohlenhydrate (5g Ballaststoffe, 8g Zucker), 5g Fette (1g gesättigt), 21% Calcium, 14% Eisen, 19% Magnesium, 95% Vitamin A, 10% Vitamin B1, 14% Vitamin B6.

40. Scharfer Kabeljau

Reich an Proteinen und gesunden Fetten und arm an Kohlenhydraten – dieser super scharfe Kabeljau wird dir einen Ruck für den ganzen Tag verpassen. Serviere ihn mit etwas braunem Reis, wenn du einen Kohlehydratschub für ein abendliches Workout benötigst, oder gib zwei Peperoni mehr dazu, wenn du denkst, dass du noch mehr Würze vertragen kannst.

Zutaten (2 Portionen):
340g weißer Kabeljau
10 Kirschtomaten, halbiert
2 Jalapeno Peperoni, geschnitten
2 Esslöffel Olivenöl
Meersalz
Chili-Pulver

Zubereltungszeit: 5 min
Kochzeit: 10 min

Zubereitung:
Erhitz das Öl in einer teflonbeschichteten Pfanne. Wälze den Kabeljau in Salz und Chili-Pulver, leg ihn in die Pfanne und koche ihn für 10 Minuten bei mittlerer Hitze. Gib die Peperoni 1-2 Minuten, bevor der Fisch gut ist, dazu.
Serviere das Ganze mit Kirschtomaten.

Nährwert pro Portion: 279kcal, 30g Proteine, 6g Kohlenhydrate (1g Ballaststoffe, 1 g Zucker), 16g Fette (2g gesättigt), 11% Magnesium, 17% Vitamin A, 38% Vitamin

C, 26% Vitamin E, 33% Vitamin K, 24% Vitamin B3, 43% Vitamin B6, 26% Vitamin B12.

41. Gegrillte Pilze und Zucchini-Burger

Die Portobello-Pilze haben ein dickes, fleischiges Gewebe, was sie zu Lieblingen unter den Vegetariern und Fleischessern macht. Verwöhn damit den Natur-Burger und erhalte jede Menge Mineralien und Vitamine bei minimaler Kalorien-Einnahme.

Zutaten (1 Portion):
1 großer Portobello-Pilz
¼ kleine Zucchini, geschnitten
1 Teelöffel geröstete Paprika
1 Stück fettreduzierter Käse
4 Spinatblätter
Olivenöl-Spray
1 mittelgroßes Vollkornbrötchen

Zubereitungszeit: 5 min
Kochzeit: 5 min

Zubereitung:
Erhitze den Grill. Besprüh die Pilze mit Olivenöl, dann grill die Pilze und Zucchini-Stücke.
Schneide das Brötchen in der Mitte durch (horizontal), leg die Zutaten anschließend auf eine Hälfte und decke sie mit der anderen zu. Serviere das Ganze direkt.

Nährwert pro Portion: 185kcal, 12g Proteine, 24g Kohlenhydrate (4g Ballaststoffe, 5g Zucker), 4g Fette (1g gesättigt), 21% Calcium, 17% Eisen, 20% Magnesium, 78% Vitamin A, 28% Vitamin C, 242% Vitamin K, 15% Vitamin

B1, 37% Vitamin B2, 26% Vitamin B3, 16% Vitamin B5, 16% Vitamin B6, 31% Vitamin B9.

42. Mediterraner Fisch

Was gibt es für eine bessere Art, deine täglich erforderliche Dosis an B12 zu erhalten, als mit einem Gericht, das mit mediterranen Aromen angereichert ist? Die restlichen Vitamine und Mineralien sind ebenso repräsentiert und die Protein-Menge ist für ein gutes Abendessen genau richtig.

Zutaten (2 Portionen):
200g frische Forelle
2 mittelgroße Tomaten
3 Teelöffel Kapern
½ rote Paprika, gewürfelt
1 Knoblauchzehe, gewürfelt
10 grüne Oliven, geschnitten
¼ Zwiebel, geschnitten
½ Tasse Spinat
1 Esslöffel Olivenöl
Salz und Pfeffer

Zubereitungszeit: 10 min
Kochzeit: 15 min

Zubereitung:
Erhitze eine große Pfanne bei mittlerer Hitze. Füge die Tomaten, den Knoblauch und das Olivenöl dazu. Leg den Deckel auf die Pfanne und lass es einige Minuten köcheln, bis die Tomaten weich sind.
Füg die Zwiebel, die Paprika, die Oliven, die Kapern, Salz und Pfeffer (und wenn nötig etwas Wasser) hinzu. Leg den

Deckel auf die Pfanne und lass es einige Minuten köcheln, bis die Tomaten eingekocht sind und die Paprika sowie die Zwiebel weich sind.

Gib die Forelle dazu, leg den Deckel auf die Pfanne und gare alles 5 bis 7 Minuten.

Füg den Spinat in der letzten Minute hinzu und serviere alles.

Nährwert: 305kcal, 24g Proteine, 7g Kohlenhydrate (1g Ballaststoffe, 4g Zucker), 11g Fette (3g gesättigt), 10% Calcium, 12% Magnesium, 36% Vitamin A, 56% Vitamin C, 62% Vitamin K, 13% Vitamin B1, 33% Vitamin B3, 12% Vitamin B5, 25% Vitamin B6, 15% Vitamin B9, 105% Vitamin B12.

43. Veganer freundliches Abendessen

Ein Veganer freundliches Abendessenmit einer guten Portion Proteine und Vitamine. Gönne deinem Gaumen den Geschmack, den er verdient mit dieser süßen und sauren Sauce, die mit Tofu verfeinert wurde und leicht zuzubereiten ist.

Zutaten (2 Portionen):
340g Tofu
¼ Tasse Sojasauce
¼ Tasse brauner Zucker
2 Teelöffel Sesamöl
1 Teelöffel Olivenöl
1 Teelöffel Chili-Flakes
2 Knoblauchzehen, fein geschnitten
1 Teelöffel Ingwer, frisch gerieben
Salz

Zubereitungszeit: 5 min
Kochzeit: 15 min

Zubereitung:
Vermenge den braunen Zucker, die Sojasauce, das Sesamöl, den Ingwer, die Chili-Flakes und das Salz in einer Schüssel und stell sie zur Seite.
Gib Olivenöl in eine Saucen-Pfanne und erhitze sie. Brate anschließend den Tofu ungefähr 10 Minuten an.
Gib die Sauce in die Pfanne und koche sie 3 bis 5 Minuten. Serviere alles, wenn die Sauce dich genug ist und der Tofu gut gebraten ist.

Nährwert pro Person: 245kcal, 17g Proteine, 15g Kohlenhydrate (1g Ballaststoffe, 11g Zucker), 15g Fette (3g gesättigt), 34% Calcium, 19% Eisen, 19% Magnesium, 11% Vitamin B2, 11% Vitamin B6.

44. Thunfisch-Sandwich

Im Gegensatz zu einem gewöhnlichen Thunfisch-Sandwich, welches reich an gesättigten Fettsäuren und Kohlenhydraten ist, verfügt dieses über eine moderate Menge an Kohlenhydraten und beinhaltete den Protein-Reichtum einer Thunfisch-Dose. Das macht dieses Gericht zu einer exzellenten Mahlzeit, welche den Muskelaufbau unterstützt.

Zutaten (2 Portionen):
1 Dose Thunfisch (165g)
2 Scheiben eines fettreduzierten Mozzarellas
2 Teelöffel Tomatensauce
1 Vollkorn- Milchbrötchen
etwas Oregano

Zubereitungszeit: 5 min
Kochzeit: 3 min

Zubereitung:
Heiz den Backofen auf 190°C Umluft/Gas 5 vor.
Schneide das Milchbrötchen auf, bestreich es mit der Hälfte der Tomatensauce und gib den Thunfisch und etwas Oregano darauf. Lege anschließend eine Scheibe Käse auf den Thunfisch. Stell die Mini-Sandwichs in den Backofen und backe sie 2 bis 3 Minuten oder bis der Käse geschmolzen ist. Verteile alles auf 2 Teller und serviere es.

Nährwert pro Person: 255kcal, 31g Proteine, 14g Kohlenhydrate (2g Ballaststoffe, 2 g Zucker), 6g Fette (4g gesättigt), 29% Calcium, 11% Eisen, 13% Magnesium, 10% Vitamin B1, 10% Vitamin B2, 60% Vitamin B3, 23% Vitamin B6, 52% Vitamin B12.

45. Hühnchen mit Avocado-Salat

Eine Mahlzeit, die ein Gleichgewicht aus qualitätsvollen Proteinen und gesunden Fetten liefert, wird dich sättigen, ohne es mit den Kohlenhydraten zu übertreiben. Ersetze den Essig mit Zitronensaft für ein erfrischenderes Gefühl.

Zutaten (1 Portion):
100g Hühnerbrust
1 Teelöffel geriebene Paprika
2 Teelöffel Olivenöl
Für den Salat:
½ mittelgroße Avocado, geschnitten
1 mittelgroße Tomate, gewürfelt
½ kleine, rote Zwiebel, dünn geschnitten
1 Esslöffel Petersilie, grob gehackt
1 Teelöffel Rotweinessig

Zubereitungszeit: 10 min
Kochzeit: 10 min

Zubereitung:
Heiz den Grill bei mittlerer Hitze. Reibe das Huhn mit einem Teelöffel Olivenöl und Paprika ein. Koche es 5 Minuten auf beiden Seiten, bis es gut durch ist und leicht verkohlt. Schneide das Hühnchen in dicke Streifen.
Mische die Salatzutaten, füge das restliche Olivenöl hinzu und serviere ihn mit dem Hühnchen.

Nährwert pro Portion: 346kcal, 26g Proteine, 14g Kohlenhydrate (6g Ballaststoffe, 4g Zucker), 22g Fette (3g gesättigt), 16% Magnesium, 22% Vitamin, 44% Vitamin C, 18% Vitamin E, 38% Vitamin K, 12% Vitamin B1, 11% Vitamin B2, 66% Vitamin B3, 19% Vitamin B5, 43% Vitamin B6, 22% Vitamin B9.

SNACKS

1. Kirschtomaten mit Ziegenkäse

Halbiere 5 Kirschtomaten und bestreiche sie mit 2 Esslöffeln Ziegenkäse. Gib frischen Dill und etwas Salz darüber.

Nährwert: 58kcal, 4g Proteine, 10g Kohlenhydrate, 30% Vitamin A, 40% Vitamin C, 20% Vitamin K, 10% Vitamin B1, 10% Vitamin B6, 10% Vitamin B9.

2. Avocado auf Toast

Toaste eine kleine Scheibe eines Vollkornbrotes, bestreich es mit 50g zerkleinerter Avocado und streu etwas Salz und Pfeffer darüber.

Nährwert: 208kcal, 5g Proteine, 28g Kohlenhydrate (6g Ballaststoffe, 2g Zucker), 9g Fette (1g gesättigt), 13% Vitamin K, 13% Vitamin B9.

3. Paprika mit Ziegenkäse

Halbiere eine kleine Paprika, entkerne sie und fülle sie dann mit 50g Hüttenkäse aus. Würze das Ganze mit einem Gewürz deiner Wahl.

Nährwert: 44kcal, 6g Proteine, 3g Kohlenhydrate (3g Zucker), 49% Vitamin C.

4. Reiswaffel mit Erdnussbutter

Bestreich 1 Reiswaffel mit 1 Esslöffel cremiger Erdnussbutter.

Nährwert: 129kcal, 5g Proteine, 10g Kohlenhydrate (1g Ballaststoffe, 1 g Zucker), 8g Fette (1g gesättigt), 10% Vitamin B3.

5. Sellerie-Stangen mit Ziegenkäse und grünen Oliven

Garniere 3 mittlere Sellerie-Stangen mit 3 Esslöffeln Ziegenkäse und 3 geschnittenen, grünen Oliven.

Nährwert: 102kcal, 4g Proteine, 6g Kohlenhydrate (3g Ballaststoffe), 6g Fette (4g gesättigt), 12% Calcium, 45% Vitamin K, 18% Vitamin A, 12% Vitamin B9.

6. Joghurt mit getrockneten Goji-Beeren

Vermische 150g fettreduzierten Joghurt mit 10g Goji-Beeren.

Nährwert: 134kcal, 7g Proteine, 19g Kohlenhydrate (1g Ballaststoffe, 18% Zucker), 4g Fette (1g gesättigt), 27% Calcium, 24% Eisen, 13% Vitamin C, 19% Vitamin B2, 13% Vitamin B12.

7. Apfel und Erdnussbutter

Schneide einen kleinen Apfel und verteile einen Esslöffel cremige Erdnussbutter auf die Stücke.

Nährwert: 189kcal, 4g Proteine, 28g Kohlenhydrate (5g Ballaststoffe, 20g Zucker), 8g Fette (1g gesättigt), 14% Vitamin C, 14% Vitamin B3.

8. Griechischer Joghurt mit Erdbeeren

Vermische 150g griechischer Joghurt mit 5 mittelgroßen Erdbeeren, die halbiert wurden.

Nährwert: 150kcal, 11g Proteine, 10g Kohlenhydrate (10g Zucker), 8g Fette (5g gesättigt), 10% Calcium, 60% Vitamin C.

9. Nüsse-Mix

Vermische 10g Walnüsse, 10g Mandeln und 30g Rosinen.

Nährwert: 217kcal, 4g Proteine, 25g Kohlenhydrate (2g Ballaststoffe, 17g Zucker), 13g Fette (1g gesättigt), 10% Magnesium.

10.Schinken- und Sellerie-Stangen

Umwickele 6 mittelgroße Selleriestangen mit 3 Scheiben Schinken und serviere das Ganze mit einem Teelöffel körnigem Senf.

Nährwert: 129kcal, 15g Proteine, 6g Kohlenhydrate (6g Ballaststoffe), 3g Fette, 12% Calcium, 24% Vitamin A, 12% Vitamin C, 90% Vitamin K, 18% Vitamin B1, 12% Vitamin B2, 24% Vitamin B3, 15% Vitamin B6, 24% Vitamin B9.

11.Joghurt mit Tropischen Früchten

Gib 150g griechischer Joghurt zu ½ Tasse geschnittener Kiwi und ¼ Tasse geschnittener Mango.

Nährwert: 210kcal, 12g Proteine, 25g Kohlenhydrate (2g Ballaststoffe, 19g Zucker), 8g Fette (5g gesättigt), 13% Calcium, 11% Vitamin A, 155% Vitamin C, 46% Vitamin K.

12.Heidelbeer-Joghurt

Verrühre 150 g fettreduzierten Joghurt mit ½ Tasse Heidelbeeren.

Nährwert: 136kcal, 8g Proteine, 21g Kohlenhydrate (2g Ballaststoffe, 18g Zucker), 3g Fette (1g gesättigt), 27% Calcium, 13% Vitamin C, 18% Vitamin K, 21% Vitamin B2, 13% Vitamin B12.

13.Popcorn in der Tasse

Nährwert: 31kcal, 1g Proteine, 6g Kohlenhydrate (1g Ballaststoffe).

14. Geröstete Kichererbsen

Nährwert pro 50g: 96kcal, 4g Proteine, 13g Kohlenhydrate (4g Ballaststoffe, 2g Zucker), 3g Fette.

KALENDER ZUR FETTVERBRENNUNG

Woche 1

Tag 1:
Frucht-Nuss-Jogurt
Eierflockensuppe mit Hähnchen und Nudeln
Pilz-Zitronen-Pilau
Tag 2:
Gebackenes Eier- und Gemüsefrühstück
Truthahnpfanne
Gefüllte Aubergine
Tag 3:
Frühstücks-Guacamole
Zitroniger, gegrillter Lachs
Orangen-Walnuss-Blaukäse-Salat
Tag 4:
Fitness-Smoothie
Hähnchen-Mais-Salat
Vegetarisches rotes Curry
Tag 5:
Bananen-Haferflocken-Pfannkuchen
Würzige Forelle
Gefüllte Zucchini
Tag 6:
Thunfisch auf Toast
Knoblauch-Rindfleisch
Fruchtsalat
Tag 7:
Schinken-Brie-Omelette mit Salat
Reis-Tomaten-Suppe

Salat mit geräucherter Forelle, roter Bete, Fenchel und Apfel

Woche 2
Tag 1:
Beeren-Smoothie
Zitronen-Spaghetti mit Broccoli und Thunfisch
Gefüllte Pilze
Tag 2:
Frühlingszwiebel-Truthahn-Wrap
Hähnchen mit Pilzen
Mexikanischer Reis-Bohnen-Salat
Tag 3:
Pochierte Eier mit Räucherlachs und Spinat
Bohnen-Pfeffer-Chili
Brühe aus Thai-Gemüse und Kokosmilch
Tag 4:
Hummus mit Fladenbrot und Gemüse
Gegrillter Fisch mit marokkanisch gewürzten Tomaten
Linsen-Karotten-Orangen-Suppe
Tag 5:
Haferflocken mit Äpfeln und Rosinen
Würziger Meeresfrüchteeintopf
Kichererbsen-Spinat-Curry
Tag 6:
Omelette aus Feta und halbgetrockneten Tomaten
Hähnchen gefüllt mit Spinat und Datteln
Geröstete Karotten mit Granatapfel und Ziegenkäse
Tag 7:
Frucht-Nuss-Jogurt
Krabbencurry

Mexikanischer Reis-Bohnen-Salat

Woche 3

Tag 1:

Schinken-Brie-Omelette mit Salat

Bohnen-Pfeffer-Chili

Würzige Forelle

Tag 2:

Fitness-Smoothie

Knoblauch-Rindfleisch

Gefüllte Aubergine

Tag 3:

Frühstücks-Guacamole

Truthahnpfanne

Fruchtsalat

Tag 4:

Gebackenes Eier- und Gemüsefrühstück

Zitroniger, gegrillter Lachs

Vegetarisches rotes Curry

Tag 5:

Bananen-Haferflocken-Pfannkuchen

Eierflockensuppe mit Hähnchen und Nudeln

Salat mit geräucherter Forelle, roter Bete, Fenchel und Apfel

Tag 6:

Thunfisch auf Toast

Reis-Tomaten-Suppe

Gefüllte Zucchini

Tag 7:

Beeren-Smoothie

Hähnchen-Mais-Salat

Orangen-Walnuss-Blaukäse-Salat

Woche 4

Tag 1:
Haferflocken mit Äpfeln und Rosinen
Zitronen-Spaghetti mit Broccoli und Thunfisch
Linsen-Karotten-Orangen-Suppe
Tag 2:
Pochierte Eier mit Räucherlachs und Spinat
Hähnchen mit Pilzen
Kichererbsen-Spinat-Curry
Tag 3:
Frühlingszwiebel-Truthahn-Wrap
Würziger Meeresfrüchtetopf
Geröstete Karotten mit Granatapfel und Ziegenkäse
Tag 4:
Omelette aus Feta und halbgetrockneten Tomaten
Bohnen-Pfeffer-Chili
Fruchtsalat
Tag 5:
Hummus mit Fladenbrot und Gemüse
Krabbencurry
Mexikanischer Reis-Bohnen-Salat
Tag 6:
Frucht-Nuss-Jogurt
Hähnchen gefüllt mit Spinat und Datteln
Brühe aus Thai-Gemüse und Kokosmilch
Tag 7:
Frühstücks-Guacamole
Würzige Forelle
Gefüllte Aubergine

2 weitere Tage für den kompletten Monat:

Tag 1:

Fitness Smoothie

Hähnchen-Mais-Salat

Orangen-Walnuss-Blaukäse-Salat

Tag 2:

Thunfisch auf Toast

Truthahnpfanne

Vegetarisches rotes Curry

REZEPTE ZUR FETTVERBRENNUNG FÜR HÖCHSTLEISTUNGEN

FRÜHSTÜCK

1.   Omelette aus Feta und halbgetrockneten Tomaten

Ein wirklich schnelles, einfaches Rezept mit wenigen Kalorien, das deinem Tag den Kick-Start geben wird, den er verdient hat. Für eine extra Portion Geschmack, nutze Tomaten die in einer Mischung aus Olivenöl und italienischen Kräutern konserviert waren.

Zutaten (1 Portion):
2 Eier, geschlagen
25g Fetakäse, zerbröckelt
4 halbgetrocknete Tomaten, grob gehackt
1 Teelöffel Olivenöl
verschiedene Salatblätter, zum Garnieren

Zubereitungszeit: 5 min
Kochzeit: 5 min

Zubereitung:
Öl in einer kleinen, unbeschichteten Bratpfanne erhitzen, dann Eier hinzugeben und erhitzen, mit einem Holzlöffel verrühren. Wenn die Eier in der Mitte noch etwas flüssig sind, Tomaten und Feta hinzugeben, dann das Omelette in der Mitte falten. Eine Minute erhitzen, dann auf einem Teller mit verschiedenen Salatblättern servieren.

Nährwerte je Portion: 300kcal, 18g Proteine, 20g Fett (7 gesättigt), 5g Kohlenhydrate (1g Ballaststoffe, 4g Zucker), 1,8g Salz, 15% Calcium, 22% Vitamin D, 20% Vitamin A, 15% Vitamin C, 25% Vitamin B12.

2.   Haferflocken mit Äpfeln und Rosinen

Ein warmes, füllendes Frühstück reich an Calcium, das leicht im Magen liegt und wegen seines hohen Anteils an Kohlenhydraten ideal vor einem Training anbietet. Einfach mit Zimt bestreuen für einen süßen, hölzernen Duft.

Zutaten(2 Portionen):
50g Haferflocken
250ml Milch (1,5% Fett)
2 Äpfel, geschält und geschnitten
50g Rosinen
½ Esslöffel Honig

Zubereitungszeit: 5min
Kochzeit: 10 min

Zubereitung:
Milch in einem Topf bei mittlerer Hitze zum Kochen bringen und mit den Haferflocken für 3 Minuten verrühren. Wenn die Mischung cremig wird, Äpfel und Rosinen hinzugeben und für weitere 2 min kochen. Das Ganze in zwei Schüsseln abfüllen, Honig hinzugeben und direkt servieren.

Nährwert pro Portion: 256kcal, 9g Proteine, 2g Fett (1g gesättigt), 47g Kohlenhydrate (4g Ballaststoffe, 34g Zucker), 17% Calcium, 11% Eisen, 17% Magnesium.

3. Hummus mit Fladenbrot und Gemüse

Dies ist ein einfaches und nährstoffreiches Frühstück, das du morgens schnell zubereiten und mit auf die Arbeit nehmen kannst. Der Hummus bleibt im Kühlschrank und das Gemüse kann in ein Fladenbrot gepackt werden, so dass ein leicht zu schnappendes Sandwich entsteht.

Zutaten(2 Portionen):
1 200g Kichererbsen, getrocknet
1 Zehe Knoblauch, zerhackt
25g Tahin
¼ Teelöffel Kümmel
Zitronensaft, gepresst aus ¼ Zitrone
Salz, Pfeffer
3 Esslöffels Wasser
2 Vollkorn-Fladenbrot
200g Gemüsemix (Karotten, Sellerie, Gurke)

Zubereitungszeit: 15 min
Kein Kochen

Zubereitung:
Kichererbsen, Knoblauch, Tahin, Kümmel, Zitronensaft, Salz, Pfeffer und Wasser in einen Mixer geben und mehrmals zerkleinern, bis eine cremige Mischung herauskommt.
Mit getoastetem Fladenbrot und Gemüsemix servieren.

Nährwert pro Portion: 239kcal, 9g Proteine, 9g Fett (1g gesättigt), 28g Kohlenhydrate (6g Ballaststoffe, 4g Zucker), 1,1g Salz, 27% Eisen, 23% Magnesium, 14% Vitamin B1.

4.   Frühlingszwiebel-Truthahn-Wrap

Was kann man mit Truthahnresten besseres machen, als ein schnelles, leckeres Tortilla-Sandwich? Mach dir ein Essen, das reich an Proteinen und arm an gesättigtem Fett ist, das Ganze abgeschmeckt mit dem zarten Geschmack von Basilikum.

Zutaten(2 Portionen):
130g Truthahn (gekocht oder angebraten), zerkleinert
3 Frühlingszwiebeln, zerkleinert
1 Gurke, zerkleinert
2 Blatt Kopfsalat
1 Esslöffels Mayonnaise (light)
1 Esslöffel Pesto
2 Vollkorn-Tortillas

Zubereitungszeit: 5min
Keine Kochzeit

Zubereitung:
Pesto und Mayonnaise vermischen. Truthahn, Frühlingszwiebeln und Salatblätter auf die 2 Tortillas verteilen. Das Pesto-Dressing darüber geben, den Wrap zusammenfalten und servieren.

Nährwert pro Portion: 267kcal, 24g Proteine, 9g Fett (2g gesättigt), 25g Kohlenhydrate (2g Ballaststoffe, 3g Zucker), 1,6g Salz, 34% Vitamin B3, 27% Vitamin B6.

5.   Beeren-Smoothie

Was für einen besseren Weg gibt es, um den halben Tagesbedarf an Calcium zu decken, als eine cremige Mahlzeit auf Joghurt-Basis? Füge ein paar Ballaststoffe hinzu und mach das Ganze sogar noch nährstoffreicher, in dem du die Hälfte der Beeren nicht in den Mixer gibst, sondern erst danach dem Smoothie hinzufügst.

Zutaten(2 Portionen):
450g gefrorene Beeren
450g Joghurt (1,5% Fett)
100ml Milch (1,5% Fett)
25g Haferflocken
1 Teelöffel Honig (optional)

Zubereitungszeit: 10 min
Keine Kochzeit

Zubereitung:
Beeren, Joghurt und Milch in einem Mixer vermengen bis ein Smoothie entsteht. Dann Haferflocken hinzugeben und unterrühren und in 2 Gläser abfüllen. Mit etwas Honig servieren.

Nährwert pro Portion: 234kcal, 16g Protein, 2g Fett (2g gesättigt), 36g Kohlenhydrate (14g Zucker), 45% Calcium, 11% Magnesium, 18% Vitamin B2, 21% Vitamin B12.

6. Pochierte Eier mit Räucherlachs und Spinat

Ein sättigendes Frühstück reich an Proteinen, das deinem Tag einen zufriedenstellenden Start geben wird. Du wirst kein Problem haben, deinen Tagesbedarf an Vitamin A zu erreichen und dein Herz wird dir für Zufuhr von Omega-3-Fettsäuren danken.

Zutaten(1 Portion):
2 Eier
100g Spinat, zerkleinert
50g Räucherlachs
1 Esslöffel weißer Essig
Etwas Butter
1 Stück Vollkornbrot, getoastet

Zubereitungszeit: 5 min
Kochzeit: 20 min

Zubereitung:
Unbeschichtete Bratpfanne erhitzen und den Spinat für 2 Minuten unter Umrühren erhitzen.
Um die Eier zu pochieren, einen Topf Wasser zum Kochen bringen, Essig hinzugeben und die Temperatur dann reduzieren. Das Wasser erhitzen, bis es kocht und dann die Eier einzeln hinzugeben. Die Eier jeweils 4 Minuten kochen und dann mit einem Löffel entnehmen.
Das Stück Toast mit Butter bestreichen, dann den Spinat darauf geben sowie Räucherlachs und Eier hinzufügen. Nach Bedarf würzen und servieren.

Nährwert pro Portion: 349kcal, 31g Proteine, 19g Fett (6g gesättigt), 13g Kohlenhydrate (4g Ballaststoffe, 2g Zucker), 3,6g Salz, 23% Eisen, 23% Magnesium, 197% Vitamin A, 46% Vitamin C, 21% Vitamin D, 15% Vitamin B6, 18% Vitamin B12.

7.   Schinken-Brie-Omelette mit Salat

Ein leckeres Omelette für all jene, die den Tag gerne mit einer gesunden Portion Eiern und Proteinen beginnen. Das Omelette in Stücke schneiden, um ihm einen Frittata-Look zu verpassen und mit Salat statt Brot genießen, um die Kalorien zu reduzieren.

Zutaten(2 Portionen):
3 Eier, leicht geschlagen
100g geräucherte Speckstreifen
50g Briekäse, in Scheiben geschnitten
Etwas Schnittlauch, zerkleinert
1 Esslöffel Olivenöl
½ Teelöffel Rotweinessig
½ Teelöffel Dijon-Senf
½ Gurke, halbiert und entkernt
100g Radieschen, geviertelt

Zubereitungszeit: 5 min
Kochzeit 15 min

Zubereitung:
1 Teelöffel Öl in einer kleinen Pfanne erhitzen, Speckstreifen hinzugeben und knusprig braten, dann aus der Pfanne herausnehmen und auf einem Küchenpapier trocknen lassen.
1 Teelöffel Öl in einer unbeschichteten Bratpfanne erhitzen, dann Speckstreifen, Eier und etwas Pfeffer vermengen. Bei geringer Hitze garen und anschließend

den Brie hinzugeben und weiter anbraten, bis es golden glänzt.

Das restliche Olivenöl, Essig, Gewürze und Senf in einer Schale vermengen und Gurken und Radieschen hinzugeben. Mit dem Omelette zusammen servieren.

Nährwert pro Portion: 395kcal, 25g Proteine, 31g Fett (12g gesättigt), 3g Kohlenhydrate (2g Ballaststoffe, 3g Zucker), 2,2g Salz, 10% Vitamin A, 13% Vitamin C, 15% Vitamin D, 13% Vitamin B12.

8. Fitness-Smoothie

Ein milchfreier, veganer Smoothie mit Granatapfelsaft, der dich mit Energie für Arbeit oder Training versorgen wird. Du kannst einen Esslöffel Leinsamen dazugeben, um 2 weitere Gramm Ballaststoffe für nur 37 kcal mehr zu erhalten.

Zutaten(1 Portion):
125ml Sojamilch
150ml Granatapfelsaft
30g Tofu
1 große Banane, in Stücke geschnitten
1 Teelöffel Honig
1 Esslöffel Mandeln
2 Eiswürfel

Zubereitungszeit: 5 min
Keine Kochzeit

Zubereitung:
Sojamilch und Granatapfelsaft mit 2 Eiswürfeln vermischen bis die Eiswürfel zerkleinert sind.
Banane, Honig und Tofu hinzugeben und mixen, bis ein Smoothie entsteht. Anschließend in ein Glas geben und mi den Mandeln bestreuen.

Nährwert pro Portion: 366kcal, 10g Proteine, 12g Fett (1g gesättigt), 55g Kohlenhydrate (4g Ballaststoffe, 50g Zucker), 13% Calcium, 11% Eisen, 15% Magnesium, 14% Vitamin C, 25% Vitamin B6.

9.   Thunfisch auf Toast

Ein wirklich schnelles, kalorienarmes Rezept, das eine hohe Menge an B12 liefert und so die Nervenzellen schützt. Wenn du eine Energiespritze suchst, verteile die Masse auf einem Stück Vollkornbrot mit etwa 120 kcal pro Scheibe und serviere es mit Paprikaschoten.

Zutaten(4 Portionen):
2 Dosen eingelegter Thunfisch (185g), halb getrocknet
3 hartgekochte Eier
1 Frühlingszwiebel, fein zerkleinert
5 kleine Essiggurken, in Scheiben geschnitten
Salz, Pfeffer
4 Paprikaschoten, halbiert, entkernt

Zubereitungszeit: 5 min
Kochzeit: 10 min

Zubereitung:
Thunfisch, Eier, Frühlingszwiebeln, Gurken und Gewürze in einem Mixer vermengen bis alles cremig wird.
Die Hälften der Paprikaschoten mit der Creme befüllen und servieren.

Nährwert pro Portion: 240kcal, 23g Proteine, 8g Fett (2g gesättigt), 4g Kohlenhydrate (1g Ballaststoffe, 2g Zucker), 14% Magnesium, 47% Vitamin A, 28% Vitamin B6, 142% Vitamin B12.

10.   Bananen-Haferflocken-Pfannkuchen

Genieße diese gesündere Version von Pfannkuchen, die den normalen Teig durch gerollte Haferflocken ersetzt. Die Bananen dienen als Zuckerersatz, können aber auch durch einen Teelöffel Honig (23 kcal pro Teelöffel) ergänzt werden.

Zutaten(8 Pfannkuchen):
50g gerollte Haferflocken
4 Eier, leicht geschlagen
2 Bananen, in Stücke geschnitten
½ Teelöffel Zimt
1 Teelöffel Olivenöl pro Pfannkuchen

Zubereitungszeit: 5 min
Kochzeit: 30 min

Zubereitung:
Die Zutaten in einen Mixer geben. Eine unbeschichtete Bratpfanne erhitzen, einen Teelöffel Öl und eine Viertel Tasse der Mischung hinzugeben. Auf jeder Seite braten, bis der Pfannkuchen leicht braun wird.

Nährwert je Pfannkuchen: 135kcal, 4g Proteine, 13g Fett (3g gesättigt), 10g Kohlenhydrate (1g Ballaststoffe, 3g Zucker).

11.   Frühstücks-Guacamole

Mit einer Mahlzeit, die Avocado enthält, kann man nichts falsch machen. Reich an gesunden Fetten und Ballaststoffen, mit einer zarten Note und einem Geschmack abgerundet durch Zitronensaft, wird dich diese Frühstücks-Guacamole bis zum Mittagessen mit Energie versorgen.

Zutaten(2 Portionen):
1 Avocado
1 große Tomate, grob zerkleinert
1 Frühlingszwiebel, fein zerkleinert
1 Knoblauchzehe, gepresst
Zitronensaft von einer ½ Zitrone
Salz
Gemahlener schwarzer Pfeffer
2 Scheiben Vollkornbrot, getoastet

Zubereitungszeit: 5 min
Keine Kochzeit

Zubereitung:
Avocado der Länge nach halbieren und den Inhalt mit einem Löffel auskratzen. Mit einer Gabel zerdrücken. Den Zitronensaft über die Masse verteilen und Tomaten, Frühlingszwiebeln und Knoblauch hinzugeben. Mit Salz und viel schwarzem Pfeffer würzen. Umrühren, auf einer Scheibe Brot verstreichen und sofort servieren.

Nährwert pro Portion: 280kcal, 9g Proteine, 13g Fett (2g gesättigt), 30g Kohlenhydrate (9g Ballaststoffe, 5g Zucker), 10% Eisen, 17% Magnesium, 14% Vitamin A, 29% Vitamin C, 17% Vitamin B6.

12. Gebackenes Eier- und Gemüsefrühstück

Ein einfallsreiches, leicht zuzubereitendes Frühstück, das die Eier backt, anstatt sie anzubraten und dir so eine beträchtliche Menge an gesättigten Fetten erhält. Die Eier machen satt, während das Gemüse nicht nur gut schmeckt, sondern auch voller Vitamin A und C ist.

Zutaten(1 Portion):
2 große Pilze
2 mittlere Tomaten, halbiert
100g Spinat
2 Eier
1 Knoblauchzehe, fein geschnitten
1 Teelöffel Olivenöl

Zubereitungszeit: 5 min
Kochzeit: 30 min

Zubereitung:
Den Ofen auf 200C Umluft erhitzen. Tomaten und Pilze in eine ofenfeste Form geben. Knoblauch, Öl und Gewürze darüber verteilen und für 10 Minuten backen.
Den Spinat in eine große Pfanne geben, dann einen Topf heißen Wassers darüber gießen, um es abzuwelken. Das restliche Wasser hinausdrängen und dann den Spinat auf den Teller geben. Eine kleine Lücke zwischen dem Gemüse schaffen und die Eier in die Form geben. Für weitere 10 min im Ofen garen bis die Eier fertig sind.

Nährwert pro Portion: 254kcal, 18g Proteine, 16g Fett (4g gesättigt), 16g Kohlenhydrate (6g Ballaststoffe, 10g Zucker), 31% Eisen, 17% Calcium, 29% Magnesium, 238% Vitamin A, 11% Vitamin D, 102% Vitamin C, 18% Vitamin B1, 51% Vitamin B2, 20% Vitamin B3, 29% Vitamin B6, 22% Vitamin B12.

13. Frucht-Nuss-Joghurt

Als eine großartige Alternative zu Müsli wird dich dieses Frühstück reich an Kohlenhydraten bis zum Mittagessen satt machen und dich mit der Energie versorgen, die du für deine Aufgaben brauchst. Die Nussmischung liefert eine große Menge an gesunden Fetten, während der Joghurt eine halbe Tagesportion an Calcium liefert.

Zutaten(1 Portion):
1 mittelgroße Banane, in Scheiben geschnitten
100g Heidelbeeren (frisch oder tiefgekühlt)
20g Walnüsse
20g Haselnüsse
10g Rosinen
200g fettfreier Jogurt

Zubereitungszeit: 5 min
Keine Kochzeit

Zubereitung:
Die Früchte mit den Nüssen vermengen und in einer Schüssel mit Joghurt servieren.

Nährwert pro Portion: 450kcal, 13g Proteine, 25g Fett (2g gesättigt), 54g Kohlenhydrate (9g Ballaststoffe, 32g Zucker), 44% Calcium, 16% Magnesium, 30% Vitamin C, 36% Vitamin B6.

MITTAGESSEN

14. Eierflockensuppe mit Hähnchen und Nudeln

Ein schnell und einfach zuzubereitendes Gericht, perfekt als Mahlzeit in der Mitte des Tages. Die Nudeln bieten genügend energieliefernde Kohlenhydrate, die dich über den Tag hinweg versorgen werden. Darüber hinaus ist die Mahlzeit reich an Vitamin B.

Zutaten(2 Portionen):
1 Hähnchenbrust ohne Haut und Knochen, gewürfelt
1 Ei, geschlagen
0,6l Hühnerbrühe
1 Frühlingszwiebel, fein zerkleinert
70g Vollkornnudeln
70g gefrorener Zuckermais, der Länge nach halbiert
Zitronensaft
¼ Teelöffel Sherry-Essig

Zubereitungszeit: 10 min
Kochzeit: 15 min

Zubereitung:
Hähnchen und Brühe in einem großen Topf für 5 min zum Sieden bringen. Die Nudeln gemäß den Anweisungen auf der Packung kochen.
Den Mais hinzugeben und für 2 min Kochen. Die Brühe weiter kochen und umrühren. Anschließend eine Gabel über den Topf halten und die Eier darüber langsam in den Topf fließen lassen. Weiter gleichmäßig in dieselbe

Richtung umrühren und dann den Herd ausschalten.
Zitronensaft und Essig hinzugeben.
Die Nudeln abgießen und auf zwei Schüsseln verteilen. Die
Brühe hinzugießen und mit den Zwiebeln bestreut
servieren.

Nährwert pro Portion: 273kcal, 26g Proteine, 6g Fett (1g
gesättigt), 30g Kohlenhydrate (3g Ballaststoffe, 2g Zucker),
1g Salz, 96% Vitamin B3, 42% Vitamin B6.

15. Hähnchen-Mais-Salat

Ein Paprika-gewürztes Hähnchen, serviert mit gegrilltem Mais und frischem, knackigem Kopfsalat ergibt einen gesunden, schnellen Salat mit großen Mengen an Vitamin B. Das Dressing auf Knoblauchbasis perfektioniert ein bereits leckeres Essen.

Zutaten(2 Portionen):
2 kleine, gehäutete Hähnchenbrüste
1 Maiskolben
2 kleine Salatblätter, der Länge nach geviertelt
½ Gurke, in Scheiben geschnitten
1 Knoblauchzehe, gemahlen
1 Esslöffel Olivenöl
1 Teelöffel Paprika
Zitronensaft von einer halben Melone

Salatdressing (2 Portionen):
1 Knoblauchzehe, gepresst
75ml Quark
1 Esslöffel Weißwein-Essig

Zubereitungszeit: 20 min
Kochzeit: 20 min

Zubereitung:
Die Hähnchenbrüste der Länge nach halbieren, so dass sie 4 Streifen ergeben. Paprika, Knoblauch, 1 Teelöffel Öl und

Zitronensaft mit Gewürzen vermischen und das Hähnchen für mindestens 20 min marinieren.

Eine Pfanne erhitzen, das restliche Öl hinzugeben und das Hähnchen für 3-4 min auf jeder Seite garen, bis es durch ist. Den Mais im verbliebenen Öl für 5 min braten bis er leicht bräunlich ist. Gleichmäßig anbraten! Die Maiskolben entfernen und die Maiskerne abschneiden.

Die Zutaten für das Dressing vermengen.

Gurke und Salat vermischen, Hähnchen und Mais darauf garnieren und das Dressing darüber geben.

Nährwert pro Portion : 253kcal, 29g Proteine, 8g Fett (1g gesättigt), 14g Kohlenhydrate (3g Ballaststoffe, 6g Zucker), 20% Eisen, 40% Magnesium, 96% Vitamin B3, 72% Vitamin B6.

16.   Zitronen-Spaghetti mit Broccoli und Thunfisch

Mehr als 15 Minuten braucht man nicht, um diese pikante Fisch-Pasta zuzubereiten, die eine gehörige Portion Energie liefert. Die Mischung aus Spaghetti, Thunfisch und Gemüse macht es zu einer vollumfänglich nährreichen Mahlzeit.

Zutaten(2 Portionen):
180g Vollkorn-Spaghetti
100g Thunfisch in Öl eingelegt, abgetropft
125g Broccoli, in kleine Blüten geschnitten
40g entkernte grüne Oliven, geviertelt
1 Esslöffel Kapern, abgetropft
Saft und Fruchtfleisch von einer ½ Zitrone
1 Teelöffel Olivenöl, plus extra zum Träufeln

Zubereitungszeit: 5 min
Kochzeit: 10 min

Zubereitung:
Die Spaghetti gemäß den Angaben auf der Packung kochen. Nach 6 Minuten Broccoli hinzugeben und für mindestens 4 min kochen, bis beides weich ist.
Die Oliven, Charlotten, Kapern, Thunfisch, Zitronensaft und Fruchtfleisch in einer großen Schüssel vermengen. Pasta und Broccoli abtropfen lassen und zur Schüssel hinzugeben, gut vermengen und mit Olivenöl und schwarzem Pfeffer servieren.

Nährwert pro Portion: 440kcal, 23g Proteine, 11g Fett (2g gesättigt), 62g Kohlenhydrate (5g Ballaststoffe, 4g Zucker), 1,4g Salz, 12% Eisen, 20% Magnesium, 25% Vitamin A, 50% Vitamin B3, 25% Vitamin B6, 90% Vitamin B12.

17.   Zitroniger, gegrillter Lachs

Reich an gesunden Fetten, Proteinen und Vitamin B ist der Lachs definitiv ein Fisch, der einen Platz auf dem Teller verdient. Mit einem einfachen Mix aus Tomaten und grünem Lachs servieren, um den feinen Geschmack dieses zitronigen Essens zu erhalten.

Zutaten(2 Portionen):
2*150g grätenfreies Lachsfilet
Saft und Fleisch von einer ½ Zitrone
10g frischer Estragon, fein zerkleinert
1 Knoblauchzehe, fein zerkleinert
1 Esslöffel Öl

Zubereitungszeit: 5 min
Kochzeit: 10 min

Zubereitung:
Fruchtfleisch und Saft der Zitrone, Knoblauch, Estragon und Olivenöl in einer Schüssel verrühren, mit Salz und Pfeffer abschmecken und anschließend das Lachsfilet hinzugeben. Die Mischung auf dem Fisch verstreichen und für 10 min zur Seite stellen.
Den Grill auf eine hohe Stufe stellen, die Lachsfilets aus der Marinade nehmen, auf eine Backform geben und für 7-10 min grillen. Servieren sobald der Lachs gar ist.

Nährwert pro Portion: 322kcal, 31g Proteine, 22g Fett (4g gesättigt), 1g Kohlenhydrate, 12% Vitamin B2, 30%

Vitamin B1, 60% Vitamin B3, 45% Vitamin B6, 79% Vitamin B12.

18.   Reis-Tomaten-Suppe

Ein herzhafter Hauptgang - die Reis-Tomaten-Suppe bietet sich als großartige Gelegenheit an, den Vorteil frischer und schmackhafter Tomaten im Sommer zu ergreifen. Kann auch kalt serviert werden für eine erfrischende Wirkung.

Zutaten(2 Portionen):
70g brauner Reis
200g Tomaten, zerkleinert
1 Teelöffel Tomatenmark
1 Frühlingszwiebel, fein zerkleinert
1 kleine Möhre, fein zerkleinert
½ Sellerie, fein zerkleinert
½ l Gemüseboullion aus 1 Würfel
1 Teelöffel Kandiszucker
1 Teelöffel Essig
Etwas Petersilie, zerkleinert
Ein wenig Pesto, zum garnieren (optional)

Zubereitungszeit: 10 min
Kochzeit: 35 min

Zubereitung:
Öl in einer großen Pfanne erhitzen, Möhre, Sellerie und Zwiebel hinzugeben und bei mittlerer Hitze kochen bis alles weich ist. Essig und Zucker hinzugeben, für 1 min kochen und zusammen mit dem Tomatenmark verrühren. Tomaten, Gemüsebrühe und braunen Reis hinzugeben, abdecken und für 10 min köcheln lassen.

Das Ganze auf zwei Schüsseln aufteilen und mit etwas Petersilie garnieren. Pesto nach Bedarf.

Nährwert pro Portion: 213kcal, 6g Proteine, 3g Fett (1g gesättigt), 39g Kohlenhydrate (4g Ballaststoffe, 13g Zucker), 1,6g Salz, 16% Vitamin A, 22% Vitamin C.

19.　Hähnchen gefüllt mit Spinat und Datteln

Reich an Proteinen mit einer ausgewogenen Menge an Kohlenhydraten und vielen Vitaminen deckt dieses gesunde essen so ziemlich alles ab, von Nährstoffen bis Geschmack. Die Dattel-Spinat-Füllung sorgt für eine angenehme Süße.

Zutaten(2 Portionen):
2 Hähnchenbrust, ohne Knochen und Haut
100g Spinat, zerkleinert
1 kleine Zwiebel, fein zerkleinert
1 Knoblauchzehe, fein zerkleinert
4 Datteln, fein zerkleinert
1 Esslöffel Granatapfelsaft oder Honig
1 Teelöffel Kümmel
1 Esslöffel Olivenöl
100g gefrorene Bohnen

Zubereitungszeit: 10 min
Kochzeit: 15 min.

Zubereitung:
Den Ofen auf 200C vorheizen. Öl in einer unbeschichteten Pfanne erhitzen, Zwiebeln, Knoblauch und etwas Salz hinzugeben und für 5 Minuten kochen bevor die Datteln, Spinat und die Hälfte des Kümmels ergänzt werden. Für weitere 1-2 min kochen.
Die Hähnchenbrust der Länge nach halbieren und einen Teil unversehrt lassen, so dass man sie wie ein Buch aufklappen kann. Die Hähnchenbrust füllen und in eine

Auflaufform geben, den restlichen Kümmel darüber streuen und würzen, mit Honig oder Granatapfelsaft beträufeln und für 20 min backen. Mit grünen Bohnen, leicht erhitzt, servieren.

Nährwert pro Portion: 257kcal, 36g Proteine, 4g Fett (1g gesättigt), 21g Kohlenhydrate (3g Ballaststoffe), 17% Eisen, 23% Magnesium, 97% Vitamin A, 36% Vitamin C, 96% Vitamin B3, 49% Vitamin B6.

20. Bohnen-Pfeffer-Chili

Ein gesundes, vegetarisches Mittagessen mit einem scharfen Kick. Mit dieser Mahlzeit bekommt man auf einfache Weise 1/2 - 1/3 der Tagesration an Ballaststoffen. Das Ganze kann serviert werden mit einer kleinen Portion braunem Reis mit etwa 170 kcal zusätzlich.

Zutaten(2 Portionen):
170g Peperoni, entkernt und in Scheiben geschnitten
200g Kidneybohnen in Chilisauce
200g schwarze Bohnen, abgetropft
200g Tomaten, zerkleinert
1 kleine Zwiebel, zerkleinert
1 Teelöffel Kümmel
1 Teelöffel Chilipulver
1 Teelöffel Paprika Edelsüß
1 Teelöffel Olivenöl

Zubereitungszeit: 15 min
Kochzeit: 30 min

Zubereitung:
Öl in einer großen Pfanne erhitzen, Zwiebeln und Peperoni hinzugeben und für 8-10 min kochen, bis alles weich ist. Würzen und für 1 weitere Minute kochen. Bohnen und Tomaten abkippen, erhitzen und 15 min köcheln. Wenn das Chili angedickt ist direkt servieren.

Nährwert pro Portion: 183kcal, 11g Proteine, 5g Fett (1g gesättigt), 26g Kohlenhydrate (12g Ballaststoffe, 12g Zucker), 16% Eisen, 14% Magnesium, 16% Vitamin A, 22% Vitamin C, 14% Vitamin B1.

21.   Knoblauch-Rindfleisch

Ein schnell zubereitetes Rindersteak zum Genießen, das nicht nur reich an Proteinen und arm an Fett und Kohlenhydraten ist, sondern auch voller Vitamin B. Zusammen mit einigen Cherrytomaten ergibt es eine reichhaltige und kräftigende Mahlzeit.

Zutaten(2 Portionen):
300g gut-getrimmtes Rindersteak
3 Knoblauchzehen
2 Esslöffels Rotwein-Essig
1 Teelöffel schwarzer Pfeffer
200g Cherrytomaten, halbiert, mit einem Schuss Essig

Zubereitungszeit: 10 min
Kochzeit: 15min

Zubereitung:
Pfefferkörner und Knoblauch mit einer Brise Salz mahlen, bis eine zähe Masse entsteht, dann im Essig verrühren. Das Rindfleisch ausbreiten und mit der Paste bestreichen. Für 2 Stunden im Kühlschrank belassen.
Eine Grillpfanne stark erhitzen. Die Marinade vom Fleisch streichen und mit Salz nachwürzen. Das Fleisch für 5 min je Seite braten (es sollte nicht zu dick geschnitten sein). Das Stück Fleisch aus der Pfanne nehmen und auf ein Schneidebrett geben, für 5 min ruhen lassen und anschließend in Streifen schneiden. Mit Cherrytomaten servieren

Nährwert pro Portion: 223kcal, 34g Proteine, 6g Fetts, 7g Kohlenhydrate (1g Ballaststoffe, 3g Zucker), 22% Eisen, 16% Vitamin A, 22% Vitamin C, 27% Vitamin B2, 42% Vitamin B3, 30% Vitamin B6, 64% Vitamin B12.

22. Gegrillter Fisch mit marokkanisch gewürzten Tomaten

Eine Mahlzeit auf Grundlage einer Seebrasse stellt eine exzellente Proteinquelle dar. Die Südafrikanische Sauce mit ihren aromatischen Gewürzen vervollkommnet ihren Geschmack und passt auch gut sowohl zu Sardinen als auch Seebrassen.

Zutaten(2 Portionen):
2*140g Filets der Seebrasse, gehäutet
3 große Tomaten
1 ½ große rote Paprikaschoten, entkernt und halbiert
2 Knoblauchzehen, gemahlen
20ml Olivenöl
1 Teelöffel Kümmel
1 Teelöffel Paprika Edelsüß
1/8 Teelöffel schwarzer Pfeffer
Eine Prise Cayenne-Pfeffer
Etwas Petersilie, grob zerkleinert
Etwas Koriander, grob zerkleinert

Zubereitungszeit: 30 min
Kochzeit: 15 min

Zubereitung:
Den Grill stark erhitzen, die Paprikaschoten mit der Außenhaut nach oben auf ein Backblech platzieren und auf den Grill legen, bis diese angebräunt sind. Danach in eine Schüssel geben und zugedeckt abkühlen lassen.

Sobald sie abgekühlt sind, die angebrannte Haut entfernen und dann in kleine Stücke schneiden.

Die Tomaten schälen, vierteln und Kerne und Fruchtfleisch entfernen.

Öl in einer großen Pfanne erhitzen, Knoblauch, Pfeffer und Gewürze hinzugeben und für 2 min kochen.

Paprikaschoten und Tomaten dazugeben und bei mittlerer Hitze kochen bis die Tomaten sehr weich sind. Die Tomaten zerstampfen und weiterkochen bis die Flüssigkeit verdampft und eine Sauce entsteht.

Den Grill stark erhitzen und den Fisch auf einem angefetteten Backblech platzieren. Würzen und für 4-5 min garen. Die Sauce auf zwei Teller verteilen und den Fisch darauf anrichten und mit zerkleinerten Kräutern servieren.

Nährwert pro Portion: 308kcal, 25g Proteine, 18g Fett (2g gesättigt), 16g Kohlenhydrate (4g Ballaststoffe, 12 g Zucker), 23% Magnesium, 45% Vitamin A, 55% Vitamin C, 12% Vitamin B1, 12% Vitamin B2, 14% Vitamin B3, 34% Vitamin B6.

23.   Krabben-Curry

Für dieses köstliche, currygewürzte Meeresgericht braucht man nur 20 min. Die cremig, aromatische Kirschsauce passt sehr gut zu gekochtem braunen Reis mit ca. 175 kcal pro Portion.

Zutaten(2 Portionen):
200g rohe gefrorene Krabben
200g gehackte Tomaten
25g Kokosnusscreme
1 kleine Zwiebel, gehackt
1 Teelöffel Thai rote Currypaste
½ Teelöffel frische Ingwerwurzel
1 Teelöffel Koriander, gehackt
Zubereitungszeit: 5 min
Kochzeit: 15 min

Zubereitung:
Öl in einer Pfanne erhitzen. Zwiebeln und Ingwer für wenige Minuten anbraten, bis sie weich sind. Currypaste hinzugeben, umrühren und für eine weitere Minute kochen. Die Tomaten und Kokosnusscreme hinzugeben, zum Kochen bringen und für 5 min köcheln lassen. Wenn die Masse zu dickflüssig wird, etwas kochendes Wasser hinzugeben.
Die Krabben ergänzen und für weitere 5-10 min kochen. Mit Koriander bestreuen und servieren.

Nährwert pro Portion: 180kcal, 20g Proteine, 9g Fett (4g gesättigt), 6g Kohlenhydrate (1g Ballaststoffe, 5g Zucker),

1g Salz, 18% Eisen, 10% Magnesium, 20% Vitamin A, 26% Vitamin C, 13% Vitamin B3, 25% Vitamin B12.

24. Hähnchen mit Pilzen

Eine gesunde Mahlzeit - diese Hähnchen-Kasserolle bietet eine große Menge an Proteinen, die bis zum Abendessen satt machen. Die Hähnchenflügel verleihen dem Essen eine extra Portion Geschmack und Saftigkeit, während die Pilze diesem kalorienarmen Mittagessen einen besonders intensiven Geschmack verleihen.

Zutaten(2 Portionen):
250g Hähnchenschenkel ohne Knochen und Haut
125ml Hühnerbrühe
25g gefrorene Erbsen
150g Pilze
25g Pancetta
1 große Frühlingszwiebel, gehackt
1 Esslöffel Olivenöl
1 Teelöffel Weißweinessig
Mehl, zum Bestäuben
Etwas Petersilie, fein zerkleinert

Zubereitungszeit: 15 min
Kochzeit: 25 min

Zubereitung:
Einen Teelöffel Öl in einer unbeschichteten Bratpfanne erhitzen und das Hähnchen mit Gewürzen und Mehl bestäuben. Auf beiden Seiten anbräunen, dann das Hähnchen aus der Pfanne nehmen und Pancetta und Pilze darin zart anbraten.

Das restliche Öl hineingeben und die Frühlingszwiebeln für 5 min garen. Hühnerbrühe und Essig für 1-2 min köcheln lassen. Hähnchen, Pancetta und Pilze wieder in die Pfanne geben und für 15 min kochen. Erbsen und Petersilie hinzugeben und für 2 weitere Minuten kochen, dann servieren.

Nährwert pro Portion: 260kcal, 32g Proteine, 13g Fett (3g gesättigt), 4g Kohlenhydrate (3g Ballaststoffe, 1 g Zucker), 1g Salz, 21% Eisen, 39% Vitamin D, 12% Vitamin B2, 34% Vitamin B3, 17% Vitamin B6.

25.   Truthahn-Pfanne

Reich an Proteinen, schnell zubereitet und reich im Geschmack – dieses Gericht ist ein perfektes, würziges Mittagessen. Seine Kohlenhydrate werden dich mit Energie versorgen, so dass du es auch ideal vor dem Training zu dir nehmen kannst.

Zutaten(2 Portionen):
200g Truthahn-Steaks, in Streifen (Fett entfernen)
150g Reisnudeln
170g grüne Bohnen, halbiert
1 Knoblauchzehe, in Scheiben geschnitten
1 kleine rote Zwiebel, in Scheiben geschnitten
½ rote Chili, fein zerkleinert
Saft von ½ Limette
½ Teelöffel Olivenöl
½ Teelöffel Chilipulver
1 Teelöffel Fischsauce
Pfefferminz, grob zerkleinert
Koriander, grob zerkleinert

Zubereitungszeit: 10 min
Kochzeit: 15 min

Zubereitung:
Die Nudeln gemäß den Hinweisen auf der Verpackung kochen. Das Öl in einer unbeschichteten Bratpfanne erhitzen und den Truthahn über starker Hitze für 2 min anbraten. Zwiebeln und Knoblauch hinzugeben und für weitere 5 min kochen.

Limettensaft darüber träufeln, frische Chili, Chilipulver und Fischsauce ergänzen, verrühren und für 3 min kochen. Unter die Nudeln mischen und je nach Geschmack mit Kräutern servieren.

Nährwert pro Portion: 425kcal, 32g Proteine, 3g Fett (1g gesättigt), 71g Kohlenhydrate (4g Ballaststoffe, 4g Zucker), 1 g Salz, 12% Eisen, 10% Magnesium, 12% Vitamin A, 36% Vitamin C, 13% Vitamin B1, 24% Vitamin B2.

26.   Würzige Forelle

Probiere dieses einfache, gesunde Forellenrezept als leichte Sommermahlzeit. Als großartige Quelle für Vitamin B12 kann dieser zitronige, weiße Fisch zusammen mit grünem Salat serviert werden. Mit Salz und etwas Zitronensaft beträufelt bekommt das Gericht eine besonders intensive Note.

Zutaten(2 Portionen):
2 Forellenfilets
15g Pinienkerne, geröstet und grob zerkleinert
25g Brotkrumen
1 Teelöffel weiche Butter
1 Teelöffel Olivenöl
Saft und Fruchtfleisch einer ½ Zitrone
1 kleiner Bund Petersilie, gehackt

Zubereitungszeit: 10 min
Kochzeit: 5 min

Zubereitung:
Den Grill auf hoher Stufe vorheizen. Die Filets mit der Haut nach unten auf ein eingeöltes Backblech legen. Brotkrumen, Zitronensaft und Fruchtfleisch, Butter, Petersilie und die Hälfte der Pinienkerne vermischen. Die Mischung in einer dünnen Schicht auf den Filets verstreichen, mit Öl beträufeln und für 5 min grillen. Den Rest der Pinienkerne hinzugeben und mit gekochtem Blumenkohl oder grünen Bohnen servieren.

Nährwert pro Portion: 298kcal, 30g Proteine, 16g Fett (4g gesättigt), 10g Kohlenhydrate (1g Ballaststoffe, 1g Zucker), 11% Magnesium, 14% Vitamin B1, 41% Vitamin B3, 25% Vitamin B6, 150% Vitamin B12.

27. Würziger Meeresfrüchteeintopf

Verwöhn deine Sinne mit diesem würzigen Mix aus Krabben, Muscheln und weißem Fisch, der dich mit einer herzhaften Menge an Proteinen und Vitamin B versorgt. Stelle sicher, dass du frische Meeresfrüchte verwendest, um den Geschmack dieser Kasserolle zu maximieren.

Zutaten(2 Portionen):
100g große, gepuhlte Krabben
150g Muscheln
150g weiße Fischfilets (in 3 cm große Stücke geschnitten)
250g kleine neue Tomaten, halbiert und gekocht
130g Tomaten in Stücke
350ml Hähnchenbrühe
1 kleine Zwiebeln, gehackt
2 Knoblauchzehen, gehackt
1 getrockneter Ancho-Chili
Saft von 1 Zitrone
½ Teelöffel scharfes Paprikagewürz
½ Teelöffel gemahlener Kümmel
1 Teelöffel Olivenöl
Zitronenstücke zum Servieren (optional)

Zubereitungszeit: 15 min
Kochzeit: 30 min

Zubereitung:
Die Chilis in einer heißen Bratpfanne erhitzen, bis sie leicht aufgehen. Dann vom Herd nehmen, entkernen und entstielen. In kochendem Wasser für 15 min einweichen.

Das Olivenöl in einer großen Pfanne erhitzen, Zwiebeln, Knoblauch und Gewürze hinzugeben und weichkochen. Paprika, Chili, Kümmel und Hühnerbrühe ergänzen und für 5 min aufkochen und anschließend mit einem Mixer pürieren. Zurück in die Pfanne geben und bis zum Siedepunkt erhitzen. Für 10 min köcheln lassen. Krabben, Fischfilet, Muscheln und Kartoffeln hinzugeben und bei geschlossenem Deckel und mittlerer Hitze für 5 min ziehen lassen. Nach Bedarf mit Zitronenstücken servieren.

Nährwert pro Portion: 347kcal, 44g Proteine, 6g Fett (1 g gesättigt), 28g Kohlenhydrate (4g Ballaststoffe, 7g Zucker), 1,1g Salz, 18% Magnesium, 12% Vitamin A, 40% Vitamin C, 16% Vitamin B1, 10% Vitamin B2, 23% Vitamin B3, 26% Vitamin B6, 62% Vitamin B12.

ABENDESSEN

28. Gefüllte Aubergine

Eine schmackhafte, vegetarische Mahlzeit mit knusprigem Käse und Brotkrumen - leicht und perfekt zum Abendessen. Vergiss gefüllte Paprikaschoten und versuche diese aromatischen Auberginen stattdessen.

Zutaten(2 Portionen):
1 Aubergine
60g vegetarischer Mozzarella, in Stücke geschnitten
1 kleine Zwiebel, fein zerkleinert
2 Knoblauchzehen, fein zerkleinert
1 Esslöffel Olivenöl, plus etwas extra zum träufeln
2 Knoblauchzehen, fein zerkleinert
6 Cherrytomaten, halbiert
eine Handvoll Basilikumblätter, zerhackt
einige frische Vollkornbrotkrumen

Zubereitungszeit: 15 min
Kochzeit: 40 min

Zubereitung:
Den Ofen auf 200C vorheizen. Die Aubergine der Länge nach in Hälften schneiden (den Stamm entweder entfernen oder intakt lassen). Eine etwa 1 cm tiefe Spalte in die Aubergine schneiden. Mit Hilfe von einem Teelöffel das Fleisch der Aubergine entfernen bis 2 Schalen übrig bleiben. Das Fruchtfleisch zerkleinern und zur Seite stellen. Die Schalen mit etwas Olivenöl bestreichen und in

eine Backform geben. Mit Folie bedecken und 20 min backen.

Das restliche Öl in eine unbeschichtete Pfanne geben. Die Zwiebeln hinzugeben und zart anbraten, dann mit dem ausgehöhlten Fruchtfleisch vermengen und garen.

Knoblauch und Tomaten beifügen und für weitere 3 min kochen.

Wenn die Auberginenschalen weich sind, vom Ofen nehmen, füllen, mit Brotkrumen bestreuen und mit etwas Olivenöl beträufeln. Die Hitze im Ofen auf 180C Umluft reduzieren. Für 15-20 min backen bis der Käse geschmolzen und die Brotkrumen golden sind. Mit grünem Salat servieren.

Nährwert pro Portion: 266kcal, 9g Proteine, 20g Fett (6g gesättigt), 14g Kohlenhydrate (5g Ballaststoffe, 7g Zucker), 1g Salz, 15% Vitamin A, 19% Calcium.

29.   Orangen-Walnuss-Blaukäse-Salat

Versuche diesen herzhaften und süßen Salat mit Blaukäse und zerkleinerten Walnüssen für ein leichtes Abendessen. Dieses Rezept ist reich an gesunden Fetten und Vitamin C, muss nicht gekocht werden und braucht nur 10 min Zubereitung - eine tolle Art einen stressigen Tag abzuschließen.

Zutaten(2 Zutaten):
1*100g gemischter Salat (Spinat, Rucola und Wasserkresse)
1 große Orange
40g Walnuss, grob zerkleinert
70g Blaukäse, zerkleinert
1 Teelöffel Walnussöl

Zubereitungszeit: 10 min
Keine Kochzeit

Zubereitung:
Den Salat in eine Schüssel geben. Orangen schälen und über einer Schale die Stücke von den Kernen befreien um den Saft aufzufangen. Das Walnussöl unter den Orangensaft mischen und über die Salatblätter geben. Salat schleudern, die Orangenstücke darüber verteilen, Blaukäse und Walnuss hinzugeben und servieren.

Nährwert pro Portion: 356kcal, 14g Proteine, 30g Fett (10g gesättigt), 8g Kohlenhydrate (3g Ballaststoffe, 8g

Zucker), 19% Calcium, 10% Magnesium, 20% Vitamin A, 103% Vitamin C, 10% Vitamin B1.

30. Mexikanischer Reis-Bohnen-Salat

Ein würziges Gericht mit wenig Fett und Lateinamerikanischen Wurzeln. Dieser mexikanische Reis-Bohnen-Salat steckt voller Gemüse und ergibt ein sättigendes Abendessen. Etwas abschmecken und mit gemischten Bohnen eine farbenfrohe Schale servieren.

Zutaten(2 Portionen):
90g brauner Reis
200g schwarze Bohnen, abgetropft
½ Avocado, zerkleinert
2 Frühlingszwiebel, zerkleinert
½ rote Paprikaschoten, entkernt und zerkleinert
Saft von einer ½ Zitrone
1 Teelöffel Cajun-Gewürzmischung
kleiner Bund Koriander, zerkleinert

Zubereitungszeit: 15 min
Kochzeit: 20 min

Zubereitung:
Den Reis gemäß den Gebrauchsanleitungen auf der Verpackung zubereiten. Abtropfen, unter kaltem Wasser abkühlen. Bohnen, Paprika, Zwiebeln und Avocado hinzugeben.
Zitronensaft mit schwarzem Pfeffer und der Cajun-Gewürzmischung vermengen und über den Reis geben. Koriander hinzugeben und servieren.

Nährwert pro Portion: 326kcal, 11g Proteine, 10g Fett (2g gesättigt), 44g Kohlenhydrate (6g Ballaststoffe, 4g Zucker), 10% Eisen, 15% Magnesium, 11% Vitamin B1, 13% Vitamin B6.

31.   Kichererbsen-Spinat-Curry

Schnell zuzubereitende warme Mahlzeit am Abend. Reich an Vitamin A und Proteinen - dieses Gemüsegericht kann mit etwas Fladenbrot serviert werden. Zu beachten sind jedoch die zusätzlichen Kalorien - 140 kcal pro Fladenbrot.

Zutaten(2 Portionen):
1*400g Kichererbsen, abgetropft
200g Cherrytomaten
130g Babyspinatblätter
1 Esslöffel Currypaste
1 kleine Zwiebel, gehackt
Zitronensaft

Zubereitungszeit: 5 min
Kochzeit: 15 min

Zubereitung:
Currypaste in einer unbeschichteten Pfanne erhitzen. Sobald sich Bläschen bilden, Zwiebeln und Gewürze hinzugeben und für 2 min weichkochen. Die Tomaten ergänzen und kochen bis die Sauce eingedickt ist. Kichererbsen und Gewürze hinzufügen und für einige weitere Minuten kochen. Den Herd ausschalten und den Spinat dazugeben (die Resthitze der Pfanne wird die Blätter welken). Würzen, Zitronensaft hinzugeben und servieren.

Nährwert pro Portion: 203kcal, 9g Proteine, 4g Fett, 28g Kohlenhydrate (6g Ballaststoffe, 5g Zucker), 1,5g Salz, 25%

Eisen, 29% Magnesium, 129% Vitamin A, 61% Vitamin C, 58% Vitamin B6.

32.   Brühe aus Thai-Gemüse und Kokosmilch

Eine Portion Eiernudeln mit köstlicher Gemüsebrühe sorgt für einen köstlichen und schnellen Thaigeschmack. Wenn du eine dickere Brühe bevorzugst, nutze weniger Fonds, je nach Geschmack.

Zutaten(2 Portionen):
200ml Halbfett Kokosnussmilch
500ml Gemüsebrühe
90g Eiernudeln
1 Karotten, in dünne Streifen geschnitten
¼ Kopf Chinakohl, in Scheiben geschnitten
75g Sojasprossen
3 Cherrytomaten, halbiert
2 kleine Frühlingszwiebeln, halbiert und in Scheiben geschnitten
Saft von einer ½ Zitrone
1 ½ Teelöffels rote Thai-Currypaste
1 Teelöffel brauner Zucker
1 Teelöffel Olivenöl
eine Handvoll Koriander, grob zerkleinert

Zubereitungszeit: 15 min
Kochzeit 10 min

Zubereitung:
Öl in einem Wok erhitzen, Currypaste hinzugeben und für 1 min erhitzen. Gemüsebrühe, braunen Zucker und Kokosmilch hinzugeben und für 3 min köcheln.

Nudeln, Karotten und Chinakohl ergänzen und köcheln lassen. Sojasprossen, Tomaten, Zitronensaft für den Geschmack und Gewürze hinzufügen. In Schüsseln geben und mit Koriander und Frühlingszwiebeln bestreuen.

Nährwert: 338kcal, 10g Proteine, 14g Fett (7g gesättigt), 46g Kohlenhydrate (5g Ballaststoffe, 12g Zucker), 1,2g Salz, 14% Eisen, 16% Magnesium, 10% Vitamin B3.

33.   Gefüllte Zucchini

Ein gesundes, vegetarisches Abendessen, das leicht im Magen liegt und ein Genuss ist zuzubereiten. Die Zucchini bekommen ihren Geschmack durch eine Mischung aus Pinienkernen, sonnengereiften Tomaten und feinem Parmesankäse. Du kannst die Zucchini auch mit etwas Pesto anstatt Olivenöl bestreichen, bevor du sie in den Ofen gibst.

Zutaten(2 Portionen):
2 Zucchini, der Länge nach halbiert
2 Teelöffels Olivenöl
gemischter Salat, als Beilage

Füllung:
25g Pinienkerne
3 Frühlingszwiebeln, fein gehackt
1 Knoblauchzehe, gemahlen
3 eingelegte sonnengetrocknete Tomaten, abgetropft
12g Parmesan, fein gerieben
25g getrocknete weiße Brotkrumen
1 Teelöffel Thymian

Zubereitungszeit: 10 min
Kochzeit: 35 min

Zubereitung:
Ofen auf 200C Umluft vorheizen. Zucchini auf eine ofenbeständige Schale geben, die angeschnittene Seite

nach oben. Zart mit einem Teelöffel Öl bestreichen und für 20 min backen.

Alle Zutaten der Füllung in einer Schüssel vermengen und mit schwarzem Pfeffer würzen. Die Mischung auf die Zucchini geben und mit dem restlichen Olivenöl beträufeln. Für weitere 10-15 min backen bis die Zucchini weich sind und die Füllung knusprig. Heiß mit etwas Salat servieren.

Nährwert pro Portion: 244kcal, 10g Proteine, 17g Fett (3 gesättigt), 14g Kohlenhydrate (3g Ballaststoffe, 5g Zucker), 56% Vitamin C, 16% Vitamin B2, 21% Vitamin B6.

34.   Fruchtsalat

Ein Fruchtsalat voller Vitamin C, versüßt mit Honig und servierfertig in nur 10 min. Den besonderen Geschmack bekommt dieser Salat durch etwas frisch geschnittene Minze.

Zutaten(1 Portion):
1 Grapefruit, Haut und Kern entfernt
2 Aprikose, in Scheiben geschnitten
2 Orangen, Haut und Kern entfernt
1 Teelöffel klarer Honig

Zubereitungszeit 5 min
Keine Kochzeit

Zubereitung:
Die Aprikosen in eine große Schüssel geben. Die Orangen und Grapefruits in Stücken der Schüssel zuführen, um den Saft zu erhalten. Mit Honig abschmecken und servieren.
Nährwert pro Portion: 166kcal, 4g Proteine, 36g Kohlenhydrate (8g Ballaststoffe, 28g Zucker), 46% Vitamin A, 184% Vitamin C, 13% Vitamin B1.

35.   Gefüllte Eier

Mache dir eine würzige, gesunde Mahlzeit mit etwas frischem, knackigen Salat. Verdopple deine Portion für mehr Ballaststoffe und Proteine oder ergänze ein mittelgroßes Baguette mit 150 kcal pro Stück.

Zutaten(2 Portionen):
8 große, flache Pilze
2 Knoblauchzehen, zerkleinert
2 Esslöffel Olivenöl
2 Esslöffels Worcestershire Sauce
2 Esslöffels Vollkornsenf
1 Teelöffel Paprika Edelsüß
140ggemischte Salatblätter, mit Wasserkresse und Mangold

Zubereitungszeit: 10 min
Kochzeit: 15 min

Zubereitung:
Den Ofen auf 180C Umluft erhitzen. Senf, Öl, Knoblauch und Worcestershire Sauce in einer großen Schüssel vermengen, dann mit frischem, schwarzen Pfeffer und Salz würzen. Die Pilze zu der Mischung geben und gleichmäßig bedecken. Mit der Öffnung nach oben in eine hitzebeständige Form legen, Paprika darüber streuen und für 8-10 min backen.
Die Salatblätter auf zwei Teller verteilen und je 4 Pilze dazugeben. Mit einem Löffel die Säfte darüber geben und direkt servieren.

Nährwert pro Portion: 102kcal, 8g Proteine, 14g Fett (2g gesättigt), 8g Kohlenhydrate (4g Ballaststoffe), 1g Salz, 20% Vitamin B2, 16% Vitamin B3.

36. Salat mit geräucherte Forelle, roter Bete, Fenchel und Apfel

Ein köstlicher, heißer Fisch ergänzt durch knusprigen Apfel und farbenprächtige rote Beete ergibt einen exotischen Salat mit großartigem Geschmack. Forelle ist eine ideale Quelle von B12 und hochwertigen Proteinen.

Zutaten(2 Portionen):
140g Forellenfilets, gehäutet und geräuchert
100g Rote Bete in Essig eingelegt, abgetropft und geviertelt
4 Frühlingszwiebeln, in Scheiben geschnitten
1 grüner Apfel, entkernt, geviertelt, geschält
½ Fenchel, vom Stil getrennt und fein zerkleinert
Etwas Dill, fein zerkleinert
2 Esslöffels Light Jogurt
1 Teelöffel Meerrettich-Sauce

Zubereitungszeit: 10 min
Keine Kochzeit

Zubereitung:
Den Fenchel auf einem Teller platzieren und rote Bete, Frühlingszwiebeln und Apfel darüber verteilen. Die Forelle in kleine Stücke schneiden und darauf geben. Mit der Hälfte des Dill bestreuen.
Den Jogurt und Meerrettich mit einem Esslöffel kalten Wassers vermengen, den restlichen Dill dazugeben und umrühren. Die Hälfte des Dressings über den Salat gießen

und leicht durchmischen, dann den Rest hinzugeben und servieren.

Nährwert pro Portion: 183kcal, 19g Proteine, 5g Fett (1g gesättigt), 16g Kohlenhydrate (5g Ballaststoffe, 16g Zucker), 1,6g Salz, 12% Eisen, 11% Vitamin A, 20% Vitamin C, 20% Vitamin B1, 17% Vitamin B2, 20% Vitamin B3, 100% Vitamin B12.

37. Geröstete Karotten mit Granatapfel und Ziegenkäse

Ein vollwertiges Essen was die Inhaltsstoffe angeht. Diese Mischung aus süßem Gemüse und saurem Saft ist eine gesunde und interessante Option fürs Abendessen. Achte darauf, dass du die Granatapfelkerne erst kurz vor dem Servieren hinzugibst, um ein einzigartiges Geschmackserlebnis zu erzeugen.

Zutaten(2 Portionen):
375g Karotten
40g Granatapfelkerne
50g Ziegenkäse, zerbröckelt
200g Kichererbsen, abgetropft
Fruchtfleisch und Saft von einer ½ Orange
1 Esslöffel Olivenöl
1 Teelöffel Kümmel
Etwas Minze, gehackt

Zubereitungszeit: 10 min
Kochzeit: 50 min

Zubereitung:
Den Ofen auf 170C Umluft vorheizen. Die Karotten in eine Schüssel geben und mit der Hälfte des Olivenöls, dem Kümmel, dem Fruchtfleisch der Orange und Salz bestreuen. Die Karotten auf ein großes Backblech geben und für 50 min rösten bis sie etwas Farbe an den Ecken bekommen.

Die Kichererbsen zu den gerösteten Karotten hinzugeben und auf einer Servierplatte anrichten. Mit dem verbleibenden Olivenöl und dem Orangensaft beträufeln. Den Ziegenkäse ergänzen, mit Granatapfelkernen und Gewürzen vermengen und servieren.

Nährwert pro Portion: 285kcal, 12 g Proteine, 15g Fett (6g gesättigt), 30g Kohlenhydrate (6g Ballaststoffe, 16g Zucker), 15% Calcium, 12% Eisen, 14% Magnesium, 610% Vitamin A, 28% Vitamin C, 12% Vitamin B1, 18% Vitamin B2, 11% Vitamin B3, 37% Vitamin B6.

38. Linsen-Karotten-Orangen-Suppe

Eine interessante Suppe aus Orangensaft, die mehr als nur deine tägliche Portion an Vitamin C abdeckt. Gesund und mit Geschmacksrichtungen die harmonisieren - dieses Rezept ist ein scharfer Genuss. Du kannst sie mit etwas Wasser verdünnen, falls dir die Suppe zu dickflüssig ist.

Zutaten(2 Portionen):
75g rote Linsen
225g Karotten, gewürfelt
300ml Orangensaft
1 Zwiebel, zerkleinert
600ml Gemüsebrühe
2 Esslöffel Magerjogurt
1 Teelöffel Kümmel
2 Teelöffels Koriander
frisch geschnittener Koriander zum Garnieren

Zubereitungszeit: 15min
Kochzeit: 35 min

Zubereitung:
Die Samen in einem Mörser zerkleinern, dann 2 min trocken anbraten bis alles leicht braun ist. Die Linsen, Zwiebel, Orangensaft, Brühe und Gewürze hinzugeben und zum Kochen bringen. Abdecken und für 30 min köcheln lassen bis die Linsen weich geworden sind. Die Mischung in einen Mixer geben und cremig zerkleinern. Zurück in die Pfanne geben, wieder erhitzen auf mittlerer Stufe und gelegentlich umrühren. Würzen

nach Geschmack, dann in Schüsseln geben, den Jogurt darüber geben, mit Koriander bestreuen und servieren.

Nährwert pro Portion: 184kcal, 8g Proteine, 2g Fett, 34g Kohlenhydrate (4g Ballaststoffe), 1g Salz, 340% Vitamin A, 134% Vitamin C, 16% Vitamin B1, 11% Vitamin B3, 13% Vitamin B6.

39. Vegetarisches rotes Curry

Es mag fast eine Stunde an Zubereitung brauchen, aber dieses thailändische Essen wird definitiv all deine Geschmacksnerven aktivieren. Reich an Nährstoffen dient dieses cremige vegetarische Curry als vollwertige Mahlzeit, kann aber auch als Beilage zu braunem Reis zu etwa 175 extra kcal serviert werden.

Zutaten(2 Portionen):
70g Pilze, gebrochen
70g Zuckererbsen
½ Zucchini, in Stücke geschnitten
½ Aubergine, in Stücke geschnitten
100g Tofu, in Würfel geschnitten
200ml fettreduzierte Kokosmilch
1 rote Chili (½ fein zerkleinert, ½ in Stücke geschnitten)
¼ rote Paprika, entkernt und in Streifen geschnitten
2 Esslöffels Sojasauce
Saft von 1 Zitrone
1 Esslöffel Olivenöl
10g Basilikumblätter
½ Teelöffel brauner Zucker

Paste:
3 Frühlingszwiebeln, grob zerkleinert
2 kleine rote Paprika
½ Zitronengras, grob zerkleinert
1 Knoblauchzehe
Stile von 10g Koriander
½ rote Paprika, entkernt und grob zerkleinert

Fleisch von ½ Zitrone
¼ Teelöffel geraspelte Ingwerwurzel
½ Teelöffel gemahlener Koriander
½ Teelöffel frisch gemahlener Pfeffer

Zubereitungszeit: 30 min
Kochzeit: 20 min.

Zubereitung:
Das Tofu mit der Hälfte des Zitronensaftes, 1 Esslöffel Sojasauce und zerkleinertem Chili marinieren.
Die Zutaten der Paste in einen Mixer geben.
Die Hälfte des Olivenöl in eine Pfanne geben, 2 Esslöffel der Paste dazugeben und für 2 min anbraten. Die Kokosmilch mit 50ml Wasser, der Aubergine, Zucchini und Pfeffer verrühren. Bis zum Garpunkt kochen.
Das Tofu abtropfen, trocknen und im verbleibenden Öl in einer kleinen Pfanne golden anbraten.
Pilze, Zuckerschnaps und den Großteil des Basilikums hinzugeben, dann mit Zucker, dem restlichen Zitronensaft und der Sojasauce würzen. Kochen bis die Pilze weich sind, dann das Tofu dazugeben und erhitzen. Mit Basilikum und den zerkleinerten Chili bestreuen und servieren.

Nährwert pro Portion: 233kcal, 8g Proteine, 18g Fett (10g gesättigt), 11g Kohlenhydrate (3g Ballaststoffe, 7g Zucker), 3g Salz, 13% Calcium, 12% Eisen, 14% Magnesium, 11% Vitamin A, 65% Vitamin C, 15% Vitamin B1, 21% Vitamin B2, 12% Vitamin B3, 22% Vitamin B6.

40.   Pilz-Zitronen-Pilau

Dieses fettarme Pilz-Pilau ist deine Chance auf eine leichte Alternative zu Risotto. Gib einfach eine Handvoll grüner Bohnen für ein farbenfroheres Essen. Du kannst auch den Lauch mit Frühlingszwiebeln ersetzen, wenn du magst.

Zutaten(2 Portionen):
100g brauner Reis
150g Pilze, in Scheiben geschnitten
250ml Gemüsebrühe
1 kleine Zwiebel, in Scheiben geschnitten
1 Knoblauchzehe, zermahlen
3 Esslöffels Frischkäse mit Knoblauch und Kräutern
Fruchtfleisch und Saft von einer ½ Zitrone
Bund Schnittlauch, zerkleinert

Zubereitungszeit: 10 min
Kochzeit: 30 min

Zubereitung:
Die Zwiebeln in eine unbeschichtete Pfanne geben und mit einigen Esslöffeln Gemüsebrühe für 5 min kochen. Knoblauch und Pilze hinzugeben und für weitere 2 min erhitzen. Alles in einem Mixer zerkleinern und währenddessen Reis sowie Saft und Fruchtfleisch der Zitrone dazugeben. Die verbleibende Gemüsebrühe und Gewürze hinzuführen und kochen. Den Herd ausschalten, die Pfanne abdecken und für 30 min köcheln lassen bis der Reis weich ist. Alles gut durchrühren und Lauch und

Frischkäse unterrühren. Auf zwei Teller aufteilen und mit dem verbliebenen Streichkäse und Lauch bestreichen.

Nährwert pro Portion : 249kcal, 12g Proteine, 4g Fett (2g gesättigt), 44g Kohlenhydrate, 2g Ballaststoffe, 4g Zucker), 11% Vitamin A, 23% Vitamin B2.

KAPITEL 3: WIE PROFITIEREN SPORTLER VOM MEDITIEREN?

Meditationen können Sportler aus verschiedenen Gründen nutzen: Stress, Konzentration, schwache Nerven etc. Sportler können von Meditation profitieren, indem sie ihre Erholungszeit verkürzen, die wichtig ist, um das nächste Leistungsniveau zu erreichen. Deine Trainingseinheiten werden dank deiner verbesserten Konzentrationsfähigkeit und geringeren Ermüdungserscheinungen deiner Muskeln intensiver sein und von höherer Qualität. Die meisten Sportler können auf diese Art ihre Nervosität im Vorfeld und während eines Wettbewerbs senken. Die verhilft ihnen zu einer verbesserten und selbstbewussteren Spielweise.

Wenn du einmal damit beginnst, regelmäßig zu trainieren, dann verbesserst du nicht nur deine Konzentration, sondern auch deine Fokussier-Fähigkeit, insbesondere zu Zeiten, in denen du unter Druck und anderen unerwarteten Umständen spielen musst. Diese gesteigerte Fokussier-Fähigkeit wird dir zu einer besseren Leistung verhelfen.

Sportler mit einem erhöhten Risiko für Herzerkrankungen können ebenfalls bedeutend von der Meditation profitieren. Ärzte verschreiben mittlerweile sehr viele Meditationen und weniger Medikamente. Für manche gehört dies bereits zum Alltag, für andere stellt das eine lebensverändernde Chance dar. Indem ein Sportler nur den Stress reduziert, dem er tagtäglich ausgesetzt ist, senkt sich sein Blutdruck und die

Leistungsfähigkeit steigert sich. Dies zeigt sich in verstärkt stattfindenden Trainingseinheiten. Einige Sportler haben bemerkt, dass Meditation die Stressbewältigung unterstützt. Über Letzteres wird nur selten gesprochen, nichtsdestotrotz hält Stress Menschen davon ab, Höchstleistungen zu erbringen. Sportler sind oftmals der Meinung, dass sie nach Meditationsübungen eine bessere Kontrolle über ihr Leben haben. Dies minimiert den Stress und führt dadurch zu einem verringerten Risiko für Herzerkrankungen.

Übergewicht ist ein weit verbreitetes Problem. Dies ist darauf zurückzuführen, dass viele eine Diät nicht richtig planen und auch nicht einhalten können, entweder aus Mangel an Disziplin oder aufgrund von schlechten Angewohnheiten. MEDITATION HILFT DIR BEIM ABNEHMEN, wenn die Esssucht durch Stress bedingt ist.

Sportler, die versuchen mit schlechten Angewohnheiten zu brechen, werden feststellen, dass es schwierig ist diese abzulegen und sich neue anzueignen. Rauchen, Alkoholkonsum, Nervosität, Zorn oder andere Unarten können durch Meditation kontrolliert werden, da diese Gelüste stillt. Eine grundlegende Technik ist es, Dinge langsamer anzugehen und verschiedene Atemübungen auszuführen, um sich darauf zu konzentrieren, schlechte Angewohnheiten abzulegen. Dies ist insbesondere dann wichtig, wenn diese begünstigt werden durch Stress oder Ärger.

Sportler, die an Depressionen oder innerer Unruhe leiden, leiden auch unter Stress, da er meist zu den ersten beiden beiträgt. Ein schlechter Gesundheitszustand verbessert sich dramatisch durch tägliche

Meditationsübungen. Wenn du das Meditieren übst, wirst du eine größere Kontrolle über deine Stimmung haben. Außerdem blickst du dadurch viel optimistischer in die Zukunft. Viele Sportler machen sich zu große Sorgen über ihre Karriere oder vergangene Niederlagen, die völlig irrelevant für die Gegenwart sind. Es ist vielmehr wichtig, dir Zeit zu nehmen, um dein gegenwärtiges Potential durch eine verbesserte Ernährung und Meditation zu entfalten. Wenn dein Ziel in einer verbesserten Kontrolle über deine Gedanken und Gefühle besteht, wirst du bemerken, dass Meditation dich beruhigt und du dich in anstrengenden Situationen nicht überwältigt fühlst.

KAPITEL 4: DIE BESTEN MEDITATIONSARTEN FÜR BASKETBALL

Aufmerksamkeit

Während dieser Übung sollten Sportler versuchen mit jedem Gedanken, der gerade ihrem Geist entspringt, in der Gegenwart zu bleiben.

Diese Art der Meditation lehrt dich, auf deinen Atemrhythmus zu achten, aber versucht nicht diese durch Atemübungen zu verbessern. Dies ist im Vergleich zu anderen, mehr aktiveren Übungen, die auf eine Veränderung deiner Atemrhythmik abzielen, eine eher passive Meditationsübung. Aufmerksamkeit ist eine der bekanntesten Meditationsübungen der Welt und zudem eine solche, von der Sportler sehr gut profitieren.

Gerichtete Meditation

Sportler, die meditieren, fokussieren ihre Gedanken auf ein bestimmtes Problem, Gefühl oder Objekt, auf das sie sich konzentrieren wollen und für das sie eine Lösung suchen.

Beginne damit, alle Ablenkungen aus deinen Gedanken zu vertreiben. Dann nimm dir Zeit um dich auf ein bestimmtes Geräusch, Objekt oder einen bestimmten Gedanken zu konzentrieren. Du versuchst dich so lange wie möglich auf diesen Zustand zu konzentrieren, bei dem du lernst, deine Konzentration auf etwas zu lenken, das du erreichen willst.

Es ist deine Entscheidung, ob du weiter machst, um an einem anderen Objekt oder Gedanken zu arbeiten. Oder aber du bleibst bei deinem anfänglichen Fokus auf ein Geräusch, ein Objekt oder einen Gedanken, den du zuvor hattest.

Bewegungsmeditation

Bewegungsmeditation ist eine andere Art der Meditation, die du ebenfalls ausprobieren solltest. Diese Form der Meditation, bei der du dich auf deine Atemrhythmik fokussierst, ist ebenfalls eine Übung, die du ausprobieren solltest. Diese Art der Meditation fokussiert auf deinen Atemrhythmus, bei dem du Luft in deine Lungen pumpst und wieder entlässt. Zu diesem Atemrhythmus bewegst du deine Hände. Wiederhol diese Übungen einige Male. Du findest es am Anfang vielleicht ungewöhnlich, dich zu bewegen, während deine Augen geschlossen sind, aber mit der Zeit wirst du feststellen, dass es sehr entspannend ist und deine Gesundheit verbessert.

Ein Geist, der mit dem Körper in Verbindung steht, wird bei dieser Form der Meditation optimiert. Insbesondere Menschen, die Probleme damit haben, still zu sitzen und es vorziehen, sich dauernd zu bewegen, profitieren davon. Diese Bewegungen sollten langsam sein und sich wiederholen. Je kontrollierter sie sind, desto besser. Schnelle oder aggressive Bewegungen werden den Nutzen der Meditation zunichtemachen.

Menschen, die Yoga machen, finden diese Meditationsform großartig, da sie den Atemtechniken und Bewegungen beim Yoga ähneln. Beide verbessern die Kontrolle über dich und über deine Gedanken. Menschen, die niemals zuvor Yoga gemacht haben, dafür aber Bewegungsmeditation, werden herausfinden, dass sich verschiedenen Yogaübungen hervorragend zum Aufwärmen eignen. Dadurch findest du dich schneller in die Bewegungsmeditation ein. Das Ziel besteht darin, einen meditativen Zustand schneller zu erreichen und Yoga wird dich dabei in natürlicher Weise unterstützen. Während Yoga auf die Verbesserung der Flexibilität fokussiert und auf den Aufbau von Muskelstärke, richtet sich Bewegungsmeditation auf einen mentalen Zustand und auf einen langsamen Atemrhythmus.

Mantrameditation

Mantrameditation hilft dir, dich besser auf deine Gedanken zu konzentrieren und diese zu ordnen um ein maximales Ergebnis durch die Meditation zu erzielen.

Während der Mantrameditation sagst du während des Meditationsprozesses immer und immer wieder Mantras auf

Ein Mantra kann ein Geräusch, ein Satz oder ein Gebet sein, das du immer und immer wieder chanten musst.

Wir werden uns nicht mit spiritueller Meditation beschäftigen, aber es handelt sich hierbei um eine andere Art der Meditation neben der gerichteten Meditation, der Aufmerksamkeit, Mantrameditation und Bewegungsmeditation.

Jeder Mensch ist anders, was heißt, dass du nicht eine einzige Meditationsform verwenden musst, um deine Ziele zu erreichen. Du kannst eine oder mehrere Formen und das in einer beliebigen Reihenfolge verwenden.

KAPITEL 5: WIE BEREITET MAN SICH AUF DIE MEDITATION VOR?

Sobald du weißt, welche Art der Meditation du ausüben willst, musst du wissen, wie du dich darauf vorbereitest. Stell sicher, die Meditation nicht zu überstürzen, da dies mit Sicherheit die Resultate verringern wird.

AUSSTATTUNG: Platzier eine Matte, ein Handtuch oder ein Stuhl an deinem Meditationsort

Einige Menschen ziehen es vor, ein Handtuch zu benutzen (was vor allem auf Reisen oder außerhalb der Stadt von Vorteil ist) oder aber eine Matte um sich zu setzen oder sich flach hinzulegen. Andere mögen es lieber, wenn sie auf einem Stuhl zu sitzen um eine stabilere Position zu haben. Dies hilft ihnen, nicht einzuschlafen, wenn du dich zu entspannt fühlst.

Ich ziehe es vor auf einer Yoga-Matte zu sitzen, da es eine Position ist, die mir hilft, mich zu fokussieren und zu entspannen. Manchmal wärme ich mich mit Yoga oder Dehnübungen auf. Aus diesem Grund liegt die Matte schon bereit. Wenn ich verreist bin, verwende ich jedoch einfach ein dickes Handtuch.

Sich wohl zu fühlen, ist sehr wichtig um den richtigen Gedankenzustand zu erreichen. Stell daher sicher, dass du die richtigen Materialien verwendest.

ZEIT: Entscheide im Voraus, wie lange du meditierst

Stell sicher, dass du bereits im Voraus entscheidest, wie lange du meditieren willst und zu welchem Zweck. Wenn du dich nur auf positives Denken und deine Atmung konzentrieren willst, reicht eine Einheit von 5 bis 15 Minuten. Wenn du dich dagegen auf ein Problem fokussieren willst und eine Lösung dafür finden möchtest, musst du natürlich zuerst sehr viel Zeit einplanen, um dich überhaupt durch Atemübungen zu entspannen. Dann erst fokussierst du auf alternative Lösungsstrategien für das Problem, das vor dir liegt. Dies kann 10 Minuten dauern oder aber eine Stunde, abhängig von deiner Erfahrung mit der Meditation. Es kann aber auch von deinem Entspannungszustand abhängen, welcher dafür verantwortlich ist, dich auf ein Problem zu konzentrieren. Plane im Voraus, wie lange du dich vorbereiten möchtest, damit du am gleichen Ort bleiben kannst, ohne dass dich irgendetwas ablenkt. Seien es dein Hunger, die Kinder, die in dem Raum kommen, Toilettengänge etc. Sei dir dieser möglichen Störungen davor bewusst.

ORT: Finde einen sauberen, ruhigen und bequemen Ort zum Meditieren

Finde einen Ort, an dem du total entspannen und deine Gedanken ordnen kannst, ohne jegliche Störungen. Das kann überall dort sein, wo du dich behaglich fühlst und diesen entspannten Geisteszustand erlangen kannst. Es kann das Gras in einem Garten sein, in einem Zimmer deines Hauses, im Bad, in einem leeren und ruhigen Zimmer oder ganz allein im Auto. Es liegt ganz bei dir. Stell sicher, dass du keinen Ort wählst, an dem sich Arbeit für dich oder dein Handy befindet, das dauernd klingelt oder vibriert. MACH DEIN HANDY AUS! Es ist unmöglich Resultate zu ernten, wenn du dauernd unterbrochen wirst. Heutzutage stellen Handys ein Haupt-Störungsfaktor dar.

Den Ort, den du wählst, sollte diese Merkmale aufweisen: er sollte ruhig sein, sauber und angenehm beheizt sein (Wärme schläfert ein und Kälte zwingt dich aufzustehen und dich zu bewegen). Außerdem sollte es frei von jeglichen Störungsquellen sein.

VORBEREITUNG: Bereite deinen Körper auf die Meditation vor

Bevor du anfängst zu meditieren, stell sicher, dass du alles tust, damit sich dein Körper entspannt und du bereit bist: Du kannst zuvor duschen, dich dehnen, bequeme Kleidung anziehen etc.

Achte außerdem darauf, spätestens 30 Minuten vor den Übungen etwas zu essen, damit du nicht hungrig bist oder dich überfressen fühlst. Eine leichte Mahlzeit ist ideal um dich im Vorfeld darauf vorzubereiten. Ich werde auf diesen wichtigen Punkt Ernährung in den folgenden Kapiteln noch genauer eingehen.

AUFWÄRMEN: Mach einige Yoga-Übungen oder Dehnübungen um dich zu entspannen.

Diejenigen unter euch, die Yoga schon in der Vergangenheit gemacht haben, wissen, wie entspannend das sein kann. Für diejenigen, die noch nie Yoga gemacht haben, ist es eine gute Gelegenheit damit anzufangen, da es dir dabei hilft, doch zu entspannen und zu beruhigen. Es ist nicht notwendig, Yoga-Übungen im Vorfeld der Meditation zu machen, aber es hilft dir, maximale Leistungen zu erzielen und es beschleunigt zudem den

Entspannungsprozess, um dich in den richtigen Zustand zu versetzen. Dehnen ist eine weitere gute Alternative, da dies in Verbindung mit Atemübungen dich beruhigen und befreien wird.

MENTALITÄT: Nimm einige tiefe Atemzüge um dich zu beruhigen

Atmen ist leicht, aber Atemübungen brauche ihre Zeit. Die Nutzen von Atemtechniken sind vielfältig.

Die meisten Sportler erholen sich nach anstrengenden Situationen schneller. Sie bemerken außerdem, dass sie dazu in der Lage sind, fokussiert zu bleiben, wenn sie außer Atem sind. SPORTLER MÜSSEN DAS ATMEN LERNEN! Sportler müssen sich auf die Luft konzentrieren, die in ihre Lunge eintritt und sie wieder verlässt. Achte darauf, wie dein Körper sich entspannt und anspannt. Es wird dir helfen sich entspannter zu fühlen, wenn du spürst und hörst, wie die Luft durch Mund und Nase strömt. Daher ist es wichtig, sich auf die Atmung zu konzentrieren. Jedes Mal, wenn du einatmest und anschließend ausatmest, versuche einen immer tieferen Grad der Entspannung zu erreichen. Jedes Mal, wenn der Sauerstoff deine Lungen füllt, wird dein Körper mit Energie und voller positiver Emotionen beladen.

UMGEBUNG: Füge deinem Hintergrund entspannende oder meditative Musik zu – aber nur wenn es dich nicht ablenkt.

Wenn dir Meditationsmusik hilft, dich vollkommen zu entspannen, dann untermale damit deine

Meditationssitzung. Alles, was dir hilft dich zu fokussieren und zu entspannen, sollte genutzt werden – auch Musik. Wenn du der Meinung bist, dass du deine Gedanken besser ordnen kannst ohne Geräusche und Musik, dann verzichte auf die Hintergrundmusik.

Ich benötige normalerweise keine Musik aus dem einfachen Grund, weil mich die Musik in eine andere Richtung lenkt, der ich nicht immer folgen möchte. Einige Lieder erinnern mich nämlich an andere Gedanken oder Ideen. Das ist nur meine Meinung, aber eventuell ist Musik ja das Richtige für dich. Versuche beide Ansätze um herauszufinden, was besser für dich ist. Einige Sportler mögen es im Vorfeld eines Wettbewerbs Musik zu hören. Das entspannt sie oder versetzt sie in die richtige Stimmung. Finde heraus, was bei dir wirkt.

MEDITATIONS-STELLUNGEN

Die Entscheidung über die richtige Meditations-Stellung liegt ganz bei dir. Es gibt keine falsche oder richtige Position, nur diejenige, die dir zu einer gesteigerten Konzentration verhilft. Einige Menschen sitzen dabei gern auf einem Stuhl, da er deinen Rücken stützt, andere hingegen ziehen den Boden vor und sitzen auf einem Handtuch.

Wenig gelenkige Menschen empfinden die Lotus-Position auf lange Sicht vielleicht als sehr unbequem und überspringen diese lieber oder warten noch etwas, bis sie sich daran versuchen. Achte nochmals darauf, dass du während der gesamten Meditation in derselben Position verharren kannst. Ist dies nicht der Fall, ändere deine Position.

Sitzende Position

Hierzu benötigst du nur einen Stuhl, der dir für die Übungen bequem genug erscheint. Zu bequem sollte er allerdings auch nicht sein, damit du nicht auf dem Stuhl einschläfst. Achte bei einer sitzenden Position auf einen geraden Rücken und darauf, dass deine Füße den Boden berühren. Dadurch verhinderst du, dass du an Rückenschmerzen leidest. Einige Menschen polstern den Sitz mit einem weichen Kissen aus, damit es bequemer wird.

Auf dem Boden kniend

Ziehe deine Schuhen und Socken aus, wenn du willst und knie dich auf den Boden. Knie auf einer weichen Matte oder einem gefalteten Handtuch. Deine Füße sollten nach hinten zeigen und deine Hüfte sollte sich über deiner Ferse befinden. Dein Rücken sollte durchgestreckt und entspannt sein. Hiermit erlaubst du deinen Lungen so oft wie erforderlich sich zu dehnen und zusammen-zuziehen. Du möchtest eine starke Verbindung durch deine Atmung verspüren und dazu muss die Luft in einer fließenden Bewegung in deine Lunge ein- und ausströmen.

Burmese Position

Die Burmese Position ist der Schmetterlings-Position ähnlich, nur mit veränderter Fußstellung. Setz dich auf den Boden und öffne deine Beine, positioniere deine Knie eng beieinander, während du deine Füße in Richtung deines Körpers legst. Ein Fuß sollte sich vor dem anderen befinden. Halte in dieser Position deine Knie so flach wie möglich. Wenn es unbequem wird, wähle eine andere Position, es gibt mehrere Möglichkeiten. Deine Hände sollten an der Seite anliegen oder in einer Finger kreuzenden Position. Dein Rücken sollte gerade sein und dein Kopf etwas nach oben geneigt. Dadurch erlaubst du es, Luft in deinen Körper einzuströmen und sie auch wieder entweichen zu lassen. Dies ist eine fortgeschrittene Meditations-Stellung. Es ist also nicht notwendig, damit zu beginnen, außer du fühlst dich darin hundertprozentig wohl.

Lotus Position

Die Lotus Position ähnelt der Burmese Position – allerdings mit einer kleinen Änderung. Du musst deine Füße auf deine Oberschenkel legen, während du dich in der Burmese Position befindest. Deine Hände sollten sich an deiner Körperseite befinden oder in einer Finger überkreuzenden Position.

Meine Knie schmerzen in dieser Position, daher nutze ich sie während meiner Meditations-Einheit nicht. Du sollst dich aber frei fühlen, es einmal zu probieren, solange es nicht unbequem für dich ist. Du möchtest nicht, dass der Schmerz, den du spürst, deine ganze Aufmerksamkeit von deinem Ziel der gerichteten Atmung und der inneren Ruhe lenkt. Wenn dir diese Position nicht gefällt, wähle einfach eine andere aus.

Liegende Position

Leg dich auf eine Matte, ein Handtuch oder eine Wolldecke und entspanne deine Hände und Füße. Deine Hände sollten sich an der Seite befinden und deine Füße nach oben zeigen. Du kannst deine Hände aber auch auf deinen Bauch legen. Dein Kopf sollte in Richtung der Decke oder des Himmels zeigen. Wenn du ihn zu einer Seite oder der anderen drehst, wird das verhindern, dass du für lange Zeit fokussiert bleibst. Außerdem könnte diese Position dir vielleicht Nackenschmerzen bereiten. Dies ist eine sehr gute Position zum Meditieren (wenn sie korrekt durchgeführt wird) – solange du nicht einschläfst. Wenn das für dich ein Problem ist, dann verändere deine Position.

Schmetterlings-Position

Für diese Position musst du dich auf eine Matte oder ein Handtuch setzen. Öffne deine Beine und stell deine Füße nebeneinander, so dass die Fersen sich berühren. Deine Knie können sich in einer aufrechten Position befinden oder sie können flach auf dem Boden liegen, es ist völlig unerheblich, solange du dich wohl fühlst und in dieser Position entspannen kannst. Achte auf eine gerade und balancierte Wirbelsäule.

KAPITEL 6: MEDITATIONSÜBUNGEN FÜR MAXIMALE BASKETBALL-LEISTUNGEN

Eine Meditation zum Erreichen deines maximalen Potentials hängt von deiner Fähigkeit ab, dich auf einen Gedanken oder ein Problem so lange zu fokussieren, wie es nötig ist, um das Problem zu lösen oder das Gewünschte zu realisieren. Dies führt zu einem gesteigerten Selbstbewusstsein.

Wenn du meditierst und maximale Ergebnisse erreichen willst, musst du die folgenden Schritte zu jeder Zeit einhalten. Wenn du einen Schritt veränderst oder streichst, wirst du den Ausgang deiner Meditations-Sitzung verändern.

Diese Schritte sind:

1.: Finde einen ruhigen Ort, an dem du nicht gestört wirst.

2.: Leg eine Matte, ein Handtuch oder einen Stuhl dorthin, wo du meditieren willst.

3.: Achte darauf, dass du eine leichte Mahlzeit oder einen Snack ca. eine Stunde vor der Meditation zu dir nimmst.

4.: Wähle eine Position, in der du dich die ganze Sitzung über wohl fühlst. Diese kann sein; auf einem Stuhl sitzend, auf einer Matte liegend, Burmese- oder Schmetterlings-Stellung, auf einer Matte kniend oder irgendeine andere zuvor erwähnte, bequeme Position.

5.: Beginne mit deinen Atemübungen. Wenn du dich beruhigen oder entspannen willst, solltest du mehr Luft ausatmen als einatmen (außer du trainierst die Aufmerksamkeit. Hier solltest du nicht deine Atmung kontrollieren, sondern einfach nur die in deine Lungen einströmende und anschließende in deine Umgebung entweichende Luft spüren). Atme zum Beispiel 4 Sekunden lang ein und atme dann 6 Sekunden lang aus. Wenn du auf der Suche nach einem Energieschub bist, weil du zu entspannt bist oder gerade erst aufgestanden bist, atme mehr Luft ein als du ausatmest. Atme zum Beispiel 5 Sekunden lang ein und 3 Sekunden aus. Denk daran, dass jede Atemübung mindestens 4 bis 6 Mal wiederholt werden muss, damit deine Atmung deinen Verstand beruhigt und du einen Zustand erreichst, in dem du sehr gut meditieren kannst. Bei allen Atemübungen atmest du durch die Nase ein und über den Mund aus, außer bei der Aufmerksamkeit. Hier atmest du durch die Nase ein und aus, da der Fokus dabei nicht auf der Atmung liegt.

6.: Wenn du deine Atemübungen in der Art und Weise beendet hast, wie sie im Kapitel zu den Atemübungen beschrieben ist, solltest du damit beginnen, dich auf etwas zu konzentrieren, das du besitzen, erreichen oder dir einfach nur vergegenwärtigen möchtest. Konzentrier dich so lange wie möglich darauf. Kürzere Sequenzen bescheren dir auch nur kurzfristige Ergebnisse, während längere Sequenzen dir dabei helfen, die Konzentration selbst nach der Meditation zu bewahren. Alle Sportler wissen, wenn es an der Zeit ist im Spiel anzutreten (insbesondere, wenn sie unter Druck stehen). Sie müssen fokussiert bleiben und dies für eine lange Zeit tun ohne dabei die Konzentration zu verlieren. Dann übertreffen sie ihre Leistung im Wettbewerb. **Das ist der Unterschied zwischen Siegern und dem Rest!**

7.: Deine Gedanken sollten nun zu einem lang oder kurz andauernden Videoclip springen, den du in deinen Gedanken erstellst. Dies hilft dir zuerst in Gedanken das zu erreichen, was du willst. Das Ziel besteht nun darin, diesen Gedanken auch im realen Leben zu verwirklichen. Sei so genau wie möglich und bleib während des ganzen Prozesses ruhig. Dieser siebte Schritt fügt die Visualisierung in den Prozess ein. Davon kannst du nur profitieren, aber es ist notwendig, dass du alles einfach hältst.

8.: Sportler verwenden Atemübungen um ihre Meditations-Sitzung so zu beenden, wie sie auch begonnen hat. Wenn du keinen Wettbewerb am selben Tag hast, kannst du langsame Atemmuster verwenden, wie sie im Folgenden erklärt sind:

Normale, langsame Atemtechniken: Beginne damit, Luft langsam durch die Nase einzuatmen und zähle bis 5. Lass dann die Luft entweichen, indem du von 5 an rückwärts bis 1 zählst. Du solltest diese Übung 4 bis 10 Mal wiederholen, bis du dich vollkommen entspannt fühlst und bereit bist, dich zu fokussieren. Sportler sollten bei dieser Atemtechnik darauf achten über die Nase einzuatmen und durch den Mund auszuatmen.

Wenn du noch am selben Tag einen Wettkampf hast, dann sollst du deinen Geist und Körper mit Energie betanken, indem du schnelle Atemübungen nutzt wie die folgende:

Normale, schnelle Atemtechnik: Beginne damit, Luft langsam durch die Nase einzuatmen und zähle bis 5. Lass dann die Luft entweichen, indem du von 3 an rückwärts bis 1 zählst. Du solltest diese Übung 6 bis 10 Mal wiederholen, bis du dich vollkommen entspannt fühlst und bereit bist, zu meditieren. Sportler sollten bei dieser Atemtechnik darauf achten, über die Nase einzuatmen und durch den Mund auszuatmen.
Sportler, die die Aufmerksamkeit trainieren, sollten die Sitzung beenden, wenn sie meditieren. Denn Ziel dieser Übung ist nicht, sich auf die Atmung zu konzentrieren, sondern die Gedanken zu beruhigen und sich auf einen Gedanken zu konzentrieren.

KAPITEL 7: VISUALISIERUNGSÜBUNGEN FÜR VERBESSERTE BASKETBALL-LEISTUNGEN

DIE DREI HAUPTTECHNIKEN DER VISUALISIERUNG:

Es gibt viele verschiedene Arten um zu visualisieren. Die drei bekanntesten sind: die motivationale Visualisierung, die problemlösende Visualisierung und die zielorientierte Visualisierung.

Sportler aus allen Bereichen nutzen oftmals Visualisierungen in de rein oder anderen Form, ohne dass sie überhaupt wissen, dass sie dies tun. Einige machen dies, während sie wach sind. Dies ist allgemein bekannt als tagträumen. Andere tun das hingegen in ihren Träumen, haben dann aber keine Kontrolle über den Ausgang des Ganzen.

Wenn du visualisierst, hast du all das, was du in deinen Gedanken siehst, unter Kontrolle. Du kannst den Beginn und das Ende ganz nach deinem Geschmack gestalten. Kreativ zu sein, kann sehr nützlich sein, da sich die Dinge meistens nicht so entwickeln, wie man es erwartet hat. Indem man sich aber mental und emotional auf alle möglichen Ausgänge vorbereitet, fällt der Umgang mit verschiedenen Dingen leichter, wenn die Zeit zum Handeln näher rückt. Höchstleistung ist ein Begriff, der verwendet wird, wenn du dein Bestes gibst und im „grünen Bereich" liegt. Es ist leichter Höchstleistungen zu vollbringen, wenn du deinen Geist durch Visualisierungen darauf vorbereitet hast.

Warum visualisieren um dich zu motivieren?

Einige Menschen haben Probleme damit, unter Druck die richtige Motivation für sich zu finden, damit sie das tun, was sie tun sollen, statt von ihrer Umgebung oder den Zuschauern eingeschüchtert zu sein. Indem du dich selbst durch Visualisierungen motivierst, dir immer wieder sagst, dass du es besser kannst, und dich immer stärker antreibst (in Gedanken siehst du ja bereits, was du erreichen kannst), setzt du die Möglichkeiten deines Gehirns in Gang, um während eines Spiels die Angst, die Sorge, die Nervosität und den Druck zu überwinden.

Was sind problemlösende Visualisierungen?

Problemlösende Visualisierungen sind bereits aus den Meditationsübungen bekannt und sind die nützlichsten Visualisierungstechniken. Oftmals denken Sportler, dass sie den gleichen Fehler wieder und wieder machen und dadurch immer das gleiche Ergebnis erzielen. Das liegt daran, dass sie sich die Zeit nehmen müssen, um die Situation zu analysieren und alle möglichen Lösungen für ihr Problem zu finden. Wenn du dir Zeit einräumst, um zu visualisieren und dadurch ein Problem löst, ist diese Zeit gut investiert. Wenn du dich tagsüber zu oft ablenken lässt, verlangsamt dies die Geschwindigkeit, mit der du eine Lösung finden könntest, um etwas Bestimmtes zu korrigieren. Das könnte zum Beispiel eine Angewohnheit sein, die du loswerden möchtest. Es ist außerdem möglich, dass du auf ganzer Linie versagst, gerade wenn es am meisten zählt. Oder aber du verlierst die Nerven, wenn du eigentlich ruhig bleiben solltest.

Es gibt noch viele mögliche Situationen, in denen ein Sportler einfach nicht weiß, wie er mit dieser umgehen soll. Dies ist der Grund, warum sich wahrer Erfolg nie einstellt oder verzögert.

Der erste Schritt besteht darin, das Problem zu lösen und zu visualisieren.

Der zweite Schritt zur Problemlösung besteht darin, das Problem als solches zu identifizieren und zu beurteilen, inwiefern es dich betrifft.

Der dritte Schritt beinhaltet die Suche nach alternativen Lösungen, die dich ebenfalls in die richtige Richtung führen können oder die das Problem ganz beseitigen können. In einigen Fällen musst du eventuell andere Personen fragen, die bereits in ähnlichen Situationen waren. Dadurch kannst du herausfinden, wie diese Menschen das Problem gelöst haben und anschließend entscheiden, ob dieser Lösungsweg auch etwas für dich ist.

Der vierte Schritt ist die Visualisierung. Hierbei geht es darum, dir vorzustellen, wie du körperlich an dieser Lösung arbeiten kannst. Dies versuchst du danach in die Tat umzusetzen.

Der fünfte Schritt umfasst Korrekturen, die du eventuell vornehmen musst. Spielst du in Gedanken die Situation durch und bemerkst dabei, dass deine Lösung nicht funktioniert, dann musst du nach Alternativen suchen. Du kannst auch einfach die Lösung auf das wirkliche Leben übertragen und erst dann erneut zum Finden besserer Lösungen visualisieren, wenn du merkst, dass die Lösung im realen Leben nicht anwendbar ist. Hierbei liegt vielmehr die heuristische Methode „Versuch und Irrtum" zugrunde als Visualisierungstechniken. Nichtsdestotrotz kann sie in Kombination mit Visualisierungen als praktisches Werkzeug verwendet werden.

Was sind zielorientierte Visualisierungen?
Zielorientierte Visualisierungen sind mentale Bilder oder Videos, die du in deinem Gehirn abrufst, wenn du dich auf ein bestimmtes Objekt fokussieren möchtest. Das können sein: der Sieg in einem Wettbewerb, deine Zeiteinteilung, deine täglichen Trainingseinheiten, die Erhöhung deiner Proteindosis in deinem Essen, der Kampf gegen die Müdigkeit (einige davon stellen ergebnisorientierte Ziele, während andere leistungsorientierte Ziele darstellen. Beide sind wichtig, wenn du deine Sitzung zur Visualisierung vorbereitest.)
Du trainierst deinen Körper, damit du am Ende die Resultate deiner harten Arbeit sehen kannst. Indem du Visualisierungen nutzt und damit die letzte und entscheidende Vorbereitung zu deinem Spiel triffst, vervollständigst du dein Training. Du musst deinen Geist und deinen Körper trainieren, damit du Höchstleistungen erbringen kannst. Ernährung und körperliche Fitness trainieren deinen Körper. Meditation, Atemübungen und Visualisierungen werden dein Gehirn trainieren. Die

Kombination aus beidem verleiht dir einen großen Wettbewerbsvorteil und das ist es, was du willst.

KAPITEL 8: VISUALISIERUNGSTECHNIKEN: MOTIVATIONALE VISUALISIERUNGEN

Lerne inspiriert zu sein

Werde inspiriert, indem du mit Hilfe von Visualisierungen deinen eigenen Erfolg siehst. Das wird eine großartige Erfahrung für dich sein und hat bedeutungsvolle Auswirkungen auf dein Leben. Lerne inspiriert zu sein und halte Dinge in deinem Leben für möglich, die es dann auch tatsächlich sind. Sportler setzen sich oftmals selbst Grenzen, weil sie keine großen Träume haben. Mit etwas Planung und Disziplin rücken viele Dinge in greifbare Nähe, egal wie schwierig sie auch erscheinen mögen.

Was sind motivationale Visualisierungen?

Motivationale Visualisierungen sind mentale Bilder, die du erschaffst und in denen du selbstbewusst, strahlend und erfolgreich bist. Treibe dich angespornt von diesem positiven Selbstbild weiter an. Dieser Effekt ist nicht zu unterschätzen und hat zudem Auswirkungen auf andere Aspekte deines Lebens.

Beim Visualisieren solltest du dir dich vorstellen, wie du ein Ziel erreichst.

Es folgen einige Fragen, die du dir vielleicht stellst, wenn du dich auf deine motivationale Visualisierung vorbereitest:

- Wie würdest du dich für einen Wettkampf kleiden, wenn du jede Art der Uniform, Kleidung oder Anzug anziehen könntest?

- Wie würdest du vor einem Wettkampf gehen, wenn du das nötige Selbstvertrauen hättest?
- Wie sähe für dich die perfekte Umgebung für einen Wettkampf aus?
- Welche Gesichtsausdrücke würdest du aufsetzen, wenn du gewinnen würdest?
- Wie würdest du aussehen, wenn du 5 Kilogramm abnehmen würdest und damit dünner, schneller und dynamischer wärst?
- Wie würdest du aussehen, wenn du selbstbewusster wärst?
- Was würdest du tun, wenn du den Wettbewerb gewonnen oder dein Ziel erreicht hättest?

Wenn du dir vor Augen führst, dass du ein Ziel erreichen kannst, dann weckst du den Wunsch in dir, das Ziel tatsächlich zu erreichen. Das führt dazu, dass du so viel Energie wie notwendig in die Verwirklichung dieses Ziels investierst. Einen starken Willen zu haben, um die Objekte deiner Begierde zu erreichen, wird deine Chance erhöhen, eine Linie zu durchbrechen. Dies zeigt dir, dass ein mentaler Sieg durchaus zu einem realen Sieg werden kann.

Motivationale Visualisierungen können verschiedenen Zwecken in deinem persönlichen Leben dienen. Sie verbessern deine Leistung im Sport und auch in sonstigen Lebenslagen, insbesondere, wenn du mit einem Laster wie Zigaretten, Alkohol, Wut oder Angst, Fresssucht, Partysucht, Spielsucht etc. brechen willst.

KAPITEL 9: VISUALISIERUNGSTECHNIKEN: PROBLEM LÖSENDE VISUALISIERUNGEN

Visualisierungen sollten richtig durchgeführt werden und auf der Grundlage der besten problemlösenden Techniken erfolgen. Aus diesem Grund besteht der entscheidende Schritt darin, herauszufinden, was für dich persönlich am besten funktioniert. Darum werfen wir nun einen Blick darauf, wie die meisten Sportler ihre Probleme angehen.

Wie gehen die meisten Sportler ihre Probleme an?

Es gibt viele Arten, wie Sportler ihre Probleme angehen und versuchen, diese zu lösen. „Versuchen" ist dabei das Schlüsselwort.

Es folgen die bekanntesten Beispiele dafür, wie Sportler ihre Probleme angehen:

Die Wut-Lösung

Sie werden wütend angesichts ihrer Probleme und anschließend frustriert, während ihr Verstand ihnen dabei kaum oder gar nicht weiterhilft, weil sie einfach zu überrumpelt sind von ihren negativen Gefühlen.

Wut ist eine emotionale Reaktion, die normal und weit verbreitet ist. Sie ist aber keine Lösung, die dir positive Resultate beschert. Wenn du versuchst, deine Probleme zu lösen, musst du deine Gefühle abstellen und dich auf das eigentliche Problem konzentrieren, das du nun angehen musst.

Seine Wut in den Griff zu bekommen, ist für einige Menschen sehr schwierig und braucht Zeit.

Visualisierungen, Meditation oder Yoga sind allerdings ein guter Beginn um damit anzufangen.

Die „Schuldzuweisung" Lösung

Sportler, die andere für ihre Fehler oder Probleme verantwortlich machen, blenden dabei ihre eigene Schuld völlig aus. Andere für seine Fehler oder Probleme verantwortlich zu machen ist der leichteste Weg um mangelnden Erfolg zu erklären. Das löst allerdings keinesfalls das Problem.

Andere machen ihre Ausrüstung und / oder Umgebung verantwortlich, lassen dabei aber außer Acht, dass veränderte Klimabedingungen oder eine veränderte Umgebung auch die anderen Mitstreiter betreffen und nicht nur sich selbst. Niemals sollte man sich darauf beschränken, die Ausrüstung für schuldig zu befinden. Stattdessen löst oftmals die richtige Vorbereitung das Problem. Manchmal hat die Ausrüstung noch nicht einmal Makel und die Schuldzuweisung dient einzig und allein dazu, den Fehler nicht bei sich suchen zu müssen. Verantwortung für sein eigenes Handeln zu übernehmen ist die schwierigste, gleichzeitig aber auch nutzbringendste Art um eine reales Problem zu lösen.

Die "Gejammer" Lösung

Wenn du jammerst und dich beschwerst wird deine Stimme zwar von anderen gehört, aber es zögert nur die unvermeidbaren Folgen der Niederlage heraus. Denn das Problem wird dadurch nicht behoben. Jammern beginnt bereits in jungen Jahren, wenn du nicht das bekommst, was du haben möchtest. Das Schlimmste, was dann passieren kann, ist, dass du das erhältst, was du wolltest.

Dies verhindert, dass du dich richtig mit diesem Problem auseinandersetzt.

Du musst lernen mit einer negative Leistung umzugehen, wenn du dir mentale Härte aneignen willst. Mentale Stärke bedeutet, nicht immer den leichtesten Weg zum Erfolg zu gehen. Es bedeutet bei schlechten Ergebnissen oder einer Niederlage nicht nachzugeben.

Die "stop-trying" Lösung

Keinen Gewinnversuch zu unternehmen und parktisch aufzugeben ist eine Entscheidung, die einige Sportler treffen. Aber es ist keine, auf die man stolz sein könnte, weil oftmals bessere Alternativen vorhanden sind. Trainiere deinen Verstand, damit dieser Alternativen für den Erfolg findet, statt aufzugeben. Das ist ein besserer und zugleich gewinnbringender Weg.

Die "Wiederholungstäter" Lösung

Der Wiederholungstäter ist ein Sportler, der dieselben Fehler immer und immer wieder begeht und dabei ein anderes Ausgehen erwartet. Wir fielen aller bereits diesem Fehler zum Opfer. Für diejenigen, die diesen Fehler erkennen und eine Veränderung im Ausgang herbeiführen möchten, kann das aber zu einer wahren Wende werden

Die Art und Weise zu verändern, wie man ein Problem löst, ist bereits eine Verbesserung, selbst wenn man noch keine bestimmte Richtung, der man folgen möchte, vorgibt. Aber es ist ein neuer Pfad und ein anderer Pfad bietet dir die Chance, die Dinge zu verändern.

Die "Versuch und Irrtum" Lösung

Die "Versuch und Irrtum" Lösung beinhaltet das Versuchen von neuen Ansätzen für dein Problem. Dabei gilt es herauszufinden, ob diese eine Lösung für dein Problem darstellen. Das Ziel besteht darin, dass du eventuell die richtige Lösung für dein Problem findest. Dies dauert womöglich länger als du es dir wünschst oder dir leisten kannst.

Das ist ein weitaus besserer Ansatz als die letztgenannten Lösungsstrategien. Du kannst aber noch bessere Entscheidungen treffen, indem du bestimmte Faktoren und Bedingungen streichst. Darum wird es als nächstes gehen.

Die "beste Wahrscheinlichkeit" Lösung

Wenn wir Probleme lösen, wissen wir alle, dass es Alternativen und andere Entscheidungen gibt, die wir wählen können. Das Wissen darum, welche Wahl nun die nützlichste ist und diejenige, die wir visualisieren, ist das, was am meisten zählt.

Verwendest du Wahrscheinlichkeiten, dann hilft dir das, zu quantifizieren, was du in deinen Gedanken zu lösen versuchst.

Zum Beispiel wenn du denkst, dass du jedes Mal, wenn du dich aufwärmst, nervös wirst, aber nicht weißt warum. Womöglich ist es auch so, dass die Nervosität verschwindet, sobald du die Aufwärmübungen beendet hast und alles wieder in Ordnung ist. Mittlerweile weißt du, dass ein Fokus auf die Visualisierung deiner momentanen Leistung nur 10 % des Problems lösen würde, wenn das Aufwärmen 90 % des Problems darstellt.

Du kannst auch mental an deiner Leistung arbeiten, aber eine Lösung für dein Aufwärm-Problem zu finden wird dir wertvolle Ergebnisse verschaffen. Dies stellt nämlich 90% des Problems dar und wird in einer 90%-igen Verbesserung deiner gesamten Leistung münden.

Ein weiteres Beispiel ist, wenn du jedes Mal, wenn du unter Druck stehst, in eine Schockstarre fällst und dann unterhalb deiner Möglichkeiten bleibst. Dieser eine Schlüsselmoment ist für 100 % deiner Ergebnisse vergangener Leistungen verantwortlich. Daher sollten deine Visualisierungen zu 100 % darauf verwendet werden, eine Lösung für diesen Schlüsselmoment zu finden. Dadurch nutzt du deine Zeit sehr sinnvoll.

Konzentriere dich auf das, was am meisten zählt und spüre die größte Veränderung. Lerne daher dich zu konzentrieren und richte deine Visualisierung auf das, was dir am besten helfen wird. Und zwar nicht bei unbedeutenden Problemen, die, selbst wenn sie gelöst werden würden, keine große Veränderung in deinen Ergebnissen bewirken.

KAPITEL 10: VISUALISIERUNGSTECHNIKEN: ZIEL ORIENTIERTE VISUALISIERUNGEN

Leistungsorientierte Ziele vs. ergebnisorientierte Ziele

Bevor du mit den ergebnisorientierten Visualisierungen beginnst, solltest du eine klare Vorstellung davon haben, was du dir von der Visualisierung erhoffst und was der beste Weg ist, um dies zu erreichen.

Was sind leistungsorientierte Ziele?

Leistungsorientierte Ziele sind einfache Ziele, die man erreichen kann, indem man die Dinge erledigt, von denen man weiß, dass sie zum Erfolg führen. Das kann sowohl körperlich als auch mental sein. Ein gutes Beispiel für ein leistungsorientiertes Ziel, das du dir selbst stecken kannst, besteht darin, sich während des Wettbewerbs nicht auf Familie oder Freunde zu konzentrieren. Wenn du dieses Ziel nach einem Wettbewerb verwirklichst, hast du das erreichst, was du erreichen möchtest und bist außerdem deinen ergebnisorientierten Zielen ein Stück näher.

Ein weiteres Beispiel für ein leistungsorientiertes Ziel lautet, während eines Wettbewerbs ruhig zu bleiben und zu atmen. Es soll nun dein Wunsch sein, dieses Ziel zu erreichen. Erreichst du dieses Ziel, kommst du dem Erfolg und der Verwirklichung deines Potentials etwas näher. Es ist einfach und leicht ein Ziel zu erreichen, über das du zu 100 % die Kontrolle hast. Wenn du es nicht beim ersten Mal schaffst, dann versuch es weiter. Irgendwann wirst du erfolgreich sein. Erst dann kannst du dir ein schwieriger zu erreichendes leistungsorientiertes Ziel setzen.

Andere leistungsorientierte Ziele, die Sportler verfolgen können, sind:

- 1 Push-Up mehr pro Tag zu schaffen.
- 10 Minuten pro Tag zu dehnen.
- Unter Druck ein- und auszuatmen.
- Deinen Blick auf das zu richten, was vor dir liegt und nicht auf deine Umgebung.
- Ruhig zu bleiben, wenn es schlecht für dich aussieht.
- Dich mit Energie versorgen, wenn du merkst, dass du in schwierigen Situationen erstarrst.

Du kannst dir deine eigenen leistungsorientierten Ziele schaffen, die du mit allen Mitteln verfolgst – solange sie erreichbar sind.

Was sind ergebnisorientierte Ziele?

Ergebnisorientierte Ziele sind Ziele, die du dir selbst setzt und die sich auf das Ergebnis konzentrieren und nicht auf den Weg, um dieses Ergebnis zu erzielen. Beispiele für ergebnisorientierte Ziele sind zu gewinnen, das Finale eines Wettbewerbs zu erreichen, x Kilogramm zuzunehmen, die beste Zeit zu erzielen, als Erster fertig zu werden etc. Sportler können unterschiedliche Ziele haben und trotzdem den Gleichen Wunsch haben.

Beispiele für ergebnisorientierte Ziele, die Sportler verfolgen können, sind:

- 5 Meisterschaften vor Jahresende zu gewinnen.
- Einen Weltrekord zu brechen.

- Erster deines Landes zu sein.
- Deine erste Medaille oder Trophäe zu gewinnen.
- Deinem Team zu helfen ins Finale zu gelangen.
- Höher zu springen als jemals zuvor.
- Mit Bestzeiten zu laufen.
- Weiter zu schwimmen als jemals zuvor.
- Als Erster die Ziellinie zu erreichen.

Ergebnisorientierte Ziele sind die Konsequenz einer regelmäßigen, organisierten und schrittweise verbesserten Leistung.

Wenn du visualisierst, musst du dir Erfolg sowohl in den leistungs- als auch in den ergebnisorientierten Zielen vorstellen. Du kannst verschiedene Tage einplanen um dich auf das eine oder das andere zu konzentrieren oder dich aber zunächst auf die leistungsorientierten Ziele konzentrieren und wenn du dich dieser sicher fühlst, zu den ergebnisorientierten Zielen übergehen.

Sich Ziele zu setzen ist der Schlüssel um voranzukommen und sollten mindestens einmal die Woche visualisiert werden. Dadurch hast du ein klares Bild von dem, was du erreichen willst. Es ist die beste Art und Weise sich weiterzuentwickeln und dir Vorteile in diesem Prozess zu versprechen. Ohne Ziele hast du keinen Weg, dem du in Richtung Erfolg folgen kannst. Finde diesen Weg mit Hilfe von Visualisierung zunächst in Gedanken und übertrage ihn anschließend in die Realität. Übe dies bei jedem Training oder Wettbewerb.

KAPITEL 11: ATEMTECHNIKEN ZUR MAXIMIERUNG DEINER VISUALISIERUNGS-ERFAHRUNGEN UND ZUR LEISTUNGSSTEIGERUNG

Atemübungen sind der Schlüssel um dich auf die Visualisierung einzustimmen und heben dich in einen fokussierten Zustand.

Während der Visualisierung wirst du verstärkt auf deine Atemtechniken achten wollen. Diese werden dich durch diese Übung führen. Während all dieser Atemübungen solltest du nur durch die Nase ein- und über den Mund ausatmen.

Um einen verbesserten Zustand für Visualisierungen zu erreichen, muss dein Herzschlag sich beruhigen. Um dies zu erreichen, ist deine Atmung sehr wichtig. Die Rhythmen, die du verwendest, werden diesen Prozess erleichtern und dir zu einer höheren Konzentrationsfähigkeit verhelfen. Mit zunehmender Übung werden diese Atemrhythmen eine zweite Natur für dich werden. Entscheide im Vorfeld, ob eine verlangsamte Atmung für dich besser ist oder ob du eine beschleunigte Atmung bevorzugst. Eine verlangsamte Atmung entspannt dich, während eine beschleunigte Atmung dich mit Energie versorgt.

LANGSAME ATEMTECHNIKEN

Um deine Atmung zu verlangsamen, nimmst du Luft langsam und lange Zeit auf und entlässt sie dann anschließend genauso langsam. Sportler hilft diese Form der Atmung dabei nach dem Training oder eine Stunde vor dem Wettkampf zu entspannen. En unterschiedliches Volumen an ein- und ausgeatmeter Luft wird deine Entspannungsgrad beeinflussen und somit auch dein optimales Visualisierungslevel.

Normale, langsame Atemtechnik: Beginne damit, Luft langsam durch die Nase einzuatmen und zähle bis 5. Lass dann die Luft entweichen, indem du von 5 an rückwärts bis 1 zählst. Du solltest diese Übung 4 bis 10 Mal wiederholen, bis du dich vollkommen entspannt fühlst und bereit bist, dich zu fokussieren. Sportler sollten bei dieser Atemtechnik darauf achten über die Nase einzuatmen und durch den Mund auszuatmen.

Ausführlich langsame Atemtechnik: Beginne damit, Luft langsam durch die Nase einzuatmen und zähle bis 7. Lass dann die Luft langsam über deinen Mund entweichen, indem du von 7 an rückwärts bis 1 zählst. Du solltest diese Übung 4 bis 6 Mal wiederholen, bis du dich vollkommen entspannt fühlst und bereit bist, dich zu fokussieren

Langsame Atemtechniken für hyperaktive Sportler: Beginne damit, Luft langsam durch die Nase einzuatmen und zähle bis 3. Lass dann die Luft über deinen Mund entweichen, indem du von 6 an rückwärts bis 1 zählst. Du solltest diese Übung 4 bis 6 Mal wiederholen, bis du dich vollkommen entspannt fühlst und bereit bist, dich zu fokussieren. Diese Technik zwingt dich herunterzukommen. Die letzte Durchführung dieser

Sequenz sollte mit einer 4 Sekunden andauernden Einatmung und einer 4 Sekunden andauernden Ausatmung. Dies stabilisiert deine Atmung.

Extra langsame Atemtechnik: Beginne damit, Luft langsam durch die Nase einzuatmen und zähle bis 4. Lass dann die Luft über deinen Mund entweichen, indem du von 10 an rückwärts bis 1 zählst. Du solltest diese Übung 4 bis 6 Mal wiederholen, bis du dich vollkommen entspannt fühlst und bereit bist, zu visualisieren. Diese Technik beruhigt dich nach und nach. Die letzten beiden Durchführungen dieser Sequenz sollten mit einer 4 Sekunden andauernden Einatmung und einer 4 Sekunden andauernden Ausatmung. Dies stabilisiert deine Atmung und gleicht das Verhältnis von eingeatmeter und ausgeatmeter Luft aus.

Stabilisierende Atemtechniken vor der Meditation: Das ist eine gute Atemtechnik, die du verwenden solltest, wenn du dich bereits ruhig fühlst und direkt mit der Meditation beginnen willst. Beginne damit, Luft langsam durch die Nase einzuatmen und zähle bis 3. Lass dann die Luft entweichen, indem du von 3 an rückwärts bis 1 zählst. Du solltest diese Übung 7 bis 10 Mal wiederholen, bis du dich vollkommen entspannt fühlst und bereit bist, dich zu fokussieren Sportler sollten bei dieser Atemtechnik darauf achten über die Nase einzuatmen und durch den Mund auszuatmen.

SCHNELLE ATEMTECHNIKEN

Schnelle Atemtechniken sind sehr wichtig für Sportler, um verstärkt Energie zu tanken und sich auf einen Wettbewerb vorzubereiten. Auch wenn diese Atemtechnik vor allem für die Visualisierungen sehr effektiv ist, ist sie genauso hilfreich beim Meditieren. Sportler, die sehr gelassen sind und verstärkt ihre Gefühle in den Begriff bekommen wollen, nutzen diese Übung um sich auf die Visualisierung vorzubereiten.

Normale, schnelle Atemtechnik: Beginne damit, Luft langsam durch die Nase einzuatmen und zähle bis 5. Lass dann die Luft entweichen, indem du von 3 an rückwärts bis 1 zählst. Du solltest diese Übung 6 bis 10 Mal wiederholen, bis du dich vollkommen entspannt fühlst und bereit bist, zu visualisieren. Sportler sollten bei dieser Atemtechnik darauf achten, über die Nase einzuatmen und durch den Mund auszuatmen.

Ausführlich schnelle Atemtechnik: Beginne damit, Luft langsam durch die Nase einzuatmen und zähle bis 10. Lass dann die Luft schnell über deinen Mund entweichen, indem du von 5 an rückwärts bis 1 zählst. Du solltest diese Übung 5 oder 6 Mal wiederholen, bis du dich vollkommen entspannt fühlst. Achte darauf, über die Nase einzuatmen und durch den Mund auszuatmen.

Schnelle Atemtechnik vor einem Wettbewerb: Beginne damit, Luft langsam durch die Nase einzuatmen und zähle bis 6. Lass dann die Luft in einem Atemzug über deinen Mund entweichen. Du solltest diese Übung 5 oder 6 Mal wiederholen, bis du dich vollkommen entspannt fühlst und bereit bist, dich zu fokussieren. Du kannst noch zwei letzte Durchgänge ausführen, in denen du 4 Sekunden einatmest und 4 Sekunden ausatmest. Dies stabilisiert deine Atmung und gleicht das Verhältnis von eingeatmeter und ausgeatmeter Luft aus.

Alle diese Atemtechniken wirken leistungssteigernd und können während eines Wettbewerbs durchgeführt werden – abhängig von deinem Energie- und Nervositätszustand.

Sportler, die vor Wettbewerben nervös werden, sollten diese Atemtechniken ausprobieren.

Sportler, die vor einem Wettkampf Energie benötigen, sollten ebenfalls diese Atemtechniken einüben.

Im Falle von innerer Unruhe, erzielt eine Kombination aus langsamen Atemtechniken gefolgt von Schnelleren optimale Ergebnisse.

Während Trainingseinheiten oder eines Wettbewerbs oder aber wenn du dich erschöpft fühlst bzw. außer Atem bist, verwende die normale, schnelle Atemtechnik, damit du dich schneller erholst.

Atemtechniken eignen sich hervorragend um deine Intensität zu steigern, mit der du Energie sparen kannst und dich schneller erholst.

ABSCHLIEßENDE BEMERKUNGEN

Einen Trainings-, Ernährungs- und Meditationsplan zu erstellen, kann den entscheidenden Unterschied machen. Nimm dir Zeit an jedem Aspekt dieses Buches zu arbeiten. Erst dann erreichst du die besten Leistungen und erlaubst es deinem Körper, sich an diese neue und bessere Form der Vorbereitung anzupassen. Der häufigste Grund, warum Menschen ab einem bestimmten Punkt ihre Leistung nicht mehr verbessern, ist der, dass sie einfach nicht wissen, was sie machen müssen oder wie sie alles zum Guten wenden verändern können. Dieses Buch wird dir durch die wichtigsten Punkte eines vollständigen Trainingsprogramms führen und es dir ermöglichen, eine neues "ULTIMATIVES" Du zu erschaffen.

ANDERE WERKE DES AUTORS

The Ultimate Guide to Weight Training Nutrition: Maximize Your Potential
By Joseph Correa

Becoming Mentally Tougher In Bodybuilding by Using Meditation: Reach Your Potential by Controlling Your Inner Thoughts
By Joseph Correa

CPSIA information can be obtained
at www.ICGtesting.com
Printed in the USA
BVHW041350010219
539249BV00016B/661/P